엄마, 미안해

엄마, 미안해

초판1쇄 발행 2024년 11월 12일

지은이 윤애자
펴낸이 신지원
펴낸곳 도서출판 소소담담
등 록 2015년 10월 7일(제2017-000017호)
주 소 대구광역시 북구 호국로43길 7-19
전 화 053-953-2112

ISBN 979-11-94141-09-9(03810)
ⓒ 윤애자, 2024

* 저자와 출판사의 사전 동의 없는 무단 전재 및 복제를 금합니다.
* 책값은 뒤표지에 표시되어 있습니다.

엄마, 미안해

윤애자 지음

솜솜
담담

책을 펴내며

 오늘도 태양은 어김없이 동쪽에서 떠올라 서쪽으로 넘어간다. 인생도 마찬가지다. 누구나, 언젠가는 석양의 시간을 맞는다. 지금 엄마도 그 시간을 지나고 있다. 사라지면 돌아올 수 없는 엄마의 남은 삶을 바라보며 막연하게 흘려보낸 시간의 소중함을 깨닫는다.

 엄마가 살아온 희생과 헌신의 서사를 상투적으로 나열하고 싶지는 않다. 혼자 힘으로 일상생활을 꾸려갈 수 없는 시간을 '생의 끝자락'이라 한다면, 그 시간을 버티고 있는 엄마의 모습을 안타깝게 바라볼 뿐이다. 어디 엄마뿐이랴. 누구나 언젠가는 생의 끝자락에 서게 된다. 육신과 정신이 쇠락하는 그 시간을 건너뛰거나 우회할 수는 없다. 모두가 거쳐 가야 할 시간이라면 어스름이 깔릴 무렵의 그 순간들을 낱

낱이 정독해야 한다. 나날이 사위어 가는 엄마의 시간 앞에서, 도대체 인간의 인간다운 삶은 어디까지이며 마지막을 어떻게 보내야 하는지에 대한 의문을 던져 본다. 이것이 엄마의 마지막 삶을 증언하고 기록하는 궁극적인 이유다.

  이 짤막한 서문을 시작으로 엄마의 병상일지를 기록한 지 어언 5년이 지났다. 엄마는 삶의 마침표 한 점 남긴 채 먼 길을 떠났다. 인간다운 삶의 시간에 대한 의문은 여전하다. 그럼에도 엄마에 대한 기억이라도 붙잡아 두려고 이 책을 엮는다.

2024년 10월

윤애자

· 차례 ·

책을 펴내며 04

1장 혼자 살 수 없는 날이 오고 11
2장 석양증후군 63
3장 인지 능력의 저하 101
4장 잃어버린 언어 141
5장 끝내 집으로 돌아오지 못하고 181

에필로그 두 눈물 218

1장
혼자 살 수 없는 날이 오고

낙상

엄마가 안방에서 나오다가 넘어졌다. 오른쪽 대퇴부 두 군데가 유리에 베인 것처럼 금이 갔다. 2018년 11월 중순이었고 88세였다. 엄마가 넘어져 전화했을 때 나는 동창 혼사에 참석했다가 오랜만에 만난 친구들과 수다를 떨고 있었다. 전화기를 무음으로 해놓은 것도 잊은 채.

엄마는 오래전부터 당뇨와 혈압약을 복용했으며 관절염과 허리 통증으로 고생하셨다. 15년 전, 아버지가 돌아가신 이듬해에 무릎 인공관절 수술을 하였는데 그때 척추 CT를 찍어본 결과 협착증도 심하다는 진단을 받았다. 하지만 의사는 연세가 있어서 수술을 권하지는 않는다고 하였고 엄마도 원치 않았었다.

어려운 형편에 식구들 건사하느라 살얼음 위를 걷듯 살아온 엄마로서는 더욱 긴장할 수밖에 없었을 것이다. 순진하게도 우리 자식들은 의사 말을 불변의 진리처럼 믿었고, 원치 않는다는 엄마의 진의를 의심하지 않았다. 그때그때 진통제를 사다 드리거나 병원에 모시고 가서 임시처방을 받게 하는 것으로 할 일을 다 한다고 여겼다.

어쩌면 낙상 사고는 예견된 사고였는지도 모른다. 적극적으로 치료 방법을 찾고 할 수 있는 노력을 다했어야 하는데 때를 놓치고 여기까지 왔다는 후회가 밀려온다.

작년 가을부터 부쩍 쇠약해지긴 해도 무더운 여름을 지난 탓이려니 했다. 그래도 손수 밥 끓여 드시고 경로당에도 다니며 혼자 생활이 가능했다. 최근에는 지병인 허리 통증이 도져 주사와 약을 처방 받으러 병원을 드나들고 있었다.

어제도 물리치료를 받고 나오면서 다리에 힘이 없다고, 이상하다면서도 걱정하지 말고 가라는 말만 믿고 집에 모셔 드린 후 나는 우리 집으로 왔다. 그러니 넘어지는 사고가 일어난 데에는 엄마 책임도 없지 않다. 평소에도 웬만큼 아파서는 '괜찮다, 약 먹었으니 곧 낫는다'라고 하면서 병원 가길 꺼렸다. 그러면서 꼭 "나는 괜찮으니 오래비들한테는 말하지 마라"고 하셨다. 그러면 나는 "엄마가 이순신 장군이야? 맨날 나는 괜찮다. 괜찮으니, 나의 아픔을 오래비들한테는 알리지 마라 하게" 하며 짐짓 목소리를 깔고 그럴듯하게 흉내를 냈다. 물론 웃자고 한 말이었고 엄마도 나도 웃었다. 하지만 괜찮지 않은데 늘 괜찮다고 말하는 엄마가 답답하고, 다른 형제들이 몰라서 하지 않아도 되는 수고를 나만 해야 한다는 억울한 맘도 없진 않았다.

이번에도 괜찮다는 엄마의 말만 믿고 있다가 사흘이 지나서야 부랴부랴 병원으로 모시고 갔다.

낯선 귀가

낙상으로 인한 대퇴부 골절, 읍내병원에서 다시 대학병원 응급실로, 그리고 수술….

그 와중에도 곧 어두워진다는 걸 어찌 알았을까.

"어둡기 전에 가거라."

엄마는 같은 말을 몇 번이나 반복하다가 잠이 들었다. 간병인에게 엄마를 부탁하고 건물 밖으로 나오니 정말로 어둠이 내리고 있다.

종일 북새통이던 병원 로비는 인적이 끊어져 을씨년스럽다. 긴박했던 상황을 말해주듯 응급센터 앞은 횟가루를 뿌려놓은 듯 담배꽁초가 수북하다. 11월인데도 바람이 차다.

급하게 걸치고 나온 간절기용 스웨터를 늘려 몸을 감싸보지만 바람을 막기에는 역부족이다. 얼른 집에 가서 쉬고 싶은데 낯선 곳에 엄마를 두고 가려니 발길이 떨어지지 않는다. 병실로 다시 돌아가 엄마 곁을 지킬까, 집으로 돌아가 몇 시간이라도 쉬다가 올까, 갈등으로 한참이나 망설였다.

병원 건너 큰 시장은 파장 분위기다. 인파로 북적이던 거리에는 낙엽이 뒹굴고 사람들은 옷깃을 여미며 귀가를 서두른다. 어디선가 셔터 내리는 소리가 크게 들린다. 도로는 퇴근 차량으로 가득하다. 네온사인 붉게 물든 거리에서 '가다 서다'를 반복하며 집으로 가는 사람들….

택시 한 대가 인도에 비스듬히 걸쳐 있고 택시 옆에는 흰 환자복 차림의 남자가 서 있다. 차들이 쌩쌩 달리는 대로변에, 한 손으로 링거 거치대를 잡은 채 운전석을 향해 몸을 수그리고 있는 모습이 위험해 보인다. 잠시 후 남자가 택시비를 내는 듯했다. 링거를 매단 손에 지갑을 쥐고 다른 한 손으로 지폐를 꺼내는 모습이 보기에도 불안하다. 뒷좌석에는 노모인 듯한 어르신이 타고 있다. 다른 가족은 없는 걸까.

집에서 소식을 기다리던 노모는 애가 타서 달려왔을 것이다. 어디가 얼마나 아픈지, 밥은 먹는지, 눈으로 보고 확인해야 하는 것이 어미니까…. 병원까지 달려온 노모와 환자의 몸으로 노모를 배웅하는 초로의 아들, 필시 어머니를 잘 부탁한다는 말도 잊지 않았으리. 택시가 깜빡이를 켜고 차량 속으로 사라지는 동안 자리를 뜨지 못하는 그 남자 때문에 나도 한참을 서 있었다.

아들을 병원에 남겨두고 집으로 가는 노모의 심정은 어땠을까. 아픈 몸으로 어머니를 배웅하던 남자의 모습이 잊히지 않는다. 어미의 가슴이 미어지는 것은 그렇다 하더라도 택시가 떠난 후에도 병실로 돌아서지 못하는 아들도 안타깝기는 매한가지다. 어쩌면 자신을 제대로 돌보지 못한 회한으로 병상의 밤을 까맣게 지새울지도 모른다. 저마다의 사연을 어찌 다 알까마는 엄마를 입원시키고 나서야 귀가라는 단어가 더욱 간절하게 다가온다.

엄마가 입원해 있는 D병원만 해도 수많은 환자가 있다. 응급실에서 촌각을 다투는 환자, 암으로 시한부 판정을 받은 환자, 재활 치료 중인 환자를 비롯해 다시는 일상으로 돌아갈 수 없는 환자도 있다. 지척에 가족을 두고 집으로 돌아가고 싶어도 갈 수 없는 그들의 심정은 어떨까. 어느 날 덜컥 우리에게 그런 일이 닥치고 보니 날이 저물면 집으로 돌아가는 평범한 일상이 더없이 소중하게 느껴진다. 평생 집밖에 모르는 엄마는 입원해 있으면서도 줄곧 집으로 가자고 성화였다.

이른 아침 전화벨이 울린다.

"야야, 엄마는 좀 어떠노? 답답해서 기다릴 수가 있어야제. 그래, 수술 잘했나? 밥은 묵고?"

친정집과 마주 보는 앞집 아지매다. 그렇잖아도 내일 친정집에 다녀오려던 참이었다. 경황없이 오느라 문단속은 제대로 했는지 살펴보고, 당연히 아지매도 보고 오려고 했다. 먼저 전화부터 드렸어야 했다. 엄마가 병원으로 오던 날, 집 걱정 말고 얼른 나아서 오라며 끝내 눈물을 보이셨다. 며칠째 소식이 없으니 얼마나 속이 탔을까. 치매기가 있는 외숙모도 몇 번이나 와서 대문을 두드리다 갔을 것이다.

엄마를 병실에 남겨두고 온 그날의 귀가가 낯설게 느껴진 까닭은 언젠가 우리도 맞이하게 될 현실이기 때문인지 모른다. 아침저녁으로 얼굴 맞대고 의지하며 살던 이웃이 행여 집으로 돌아오지 못할까 봐 걱정하는 아지매도 같은 심정일 것이다. 엄마를 병원에 남겨두고 집으로 가는 길, 도심 불빛들이 먼 별처럼 아득해 보인다.

언니의 뒷수발

 일주일 만에 퇴원한 엄마는 그해 겨울을 문경 언니 집에서 보냈다. 퇴원을 앞두고 형제들이 고민이 많았다. 의사 말대로 곧장 재활병원에 입원해서 재활 치료를 받을 건지, 아니면 형제 중에 누구 한 사람이 집에 모시고 가서 안정을 취하는 게 먼저인지, 간다면 어느 집으로 갈 건지도 문제였다. 병원에서는 규정이라는 이유로 퇴원을 종용했지만, 우리가 보기에 엄마는 중환자나 다름없다. 당장 식사며 수발들기도 쉬운 일이 아닌데 여러 종류의 약을 시간 맞춰 복용케 하며 수술한 상처가 덧나지 않도록 돌본다는 것이 보통 일이 아니다. 게다가 뼈가 잘 아물도록 하루 한 번 엄마 배에 주삿바늘을 찌르는 것이 나는 엄두가 나지 않았다.

 아들보다는 그래도 딸이 편할 테고, 혹시 모를 응급상황에 대처하기 위해서는 병원과 가까운 우리 집으로 모시면 되는데 내가 자신 없었다. 오빠들도 사정이 여의찮아 보였다. 결국 문경 사는 언니가 자원했다. 대구에서 문경은 거리가 있어 생각지도 않았는데 선뜻 나서는 사람이 없으니 언니가 모시고 가기로 한 것이다. 수술 경과를 보기 위해 대구에 있는 D 병원에 와야 할 때는 내가 엄마를 모시러 갔다. 그 사이 막내 오빠는 직장에 출근했다가 올케언니와 함께 병원에 와서 접수해놓고 기다렸다.

예약이 아침 일찍 잡힌 날은 집에서 새벽에 출발했다. 세밑의 찬바람이 옷깃을 파고들었지만 긴장해서 추운 줄도 몰랐다. 캄캄한 고속도로를 한 시간 넘게 달려 마을 어귀에 이르면 저 멀리 마당 불을 환하게 켜놓은 언니 집이 눈에 들어왔다. 그제야 마음이 놓였다. 마른 낙엽처럼 바스러질 것 같은 엄마를 담요로 둘둘 감싸 뒷좌석에 태우고 올 때는 공연히 눈물이 났다. 잠이 드셨나 싶어 돌아보면 엄마는 어떻게 알고 "나는 괜찮다"고 했다.

2주 후, 문경시에 있는 J 병원에서 실밥을 제거했다. 수술한 병원의 동의를 받아 결정한 일이다. 중부지방에 대설주의보가 내린 터라 걱정 반 설렘 반으로 집을 나섰다. 그야말로 문경 일대는 설국이었다. 거북이 운전으로 문경에 도착해 언니와 함께 엄마를 모시고 병원으로 향했다. 차창을 내리자 눈바람이 기다린 듯 들이쳤다. 수술 후 부쩍 말수가 줄어든 엄마도 "여기는 눈이 왔네" 하며 차창 밖에서 눈을 떼지 못했다. 눈 구경하기 쉽지 않은 대구에서 평생을 사셨으니 반가웠으리라. 어디 물리적인 공간만 그러했을까. 아내와 엄마로 붙박여 산 세월이 자그마치 70년이다. 잠시라도 내려놓고 훌훌 떠나고 싶은 적은 없었을까.

눈이 와서 그런지 병원 규모나 시설에 비해 실내는 썰렁했다. 지나가는 환자나 직원도 보이지 않았다. 나는 장난기가 발동해서 휠체어를 밀고 넓은 복도를 '슝슝' 소리 내 달렸다. 조심하라는 언니도 눈은 우리를 좇으면서 웃었다. 실밥을 제거하고 나면 날아갈 것 같은 느낌, 내일은 오늘보다 더 좋아질 거라는 희망, 창밖의 설경까지 더해 우리는 오랜만에 활짝 웃었다.

엄마를 휠체어에 태워 진료실로 들어가는데 의사가 우릴 보더니 대뜸 나무랐다.

"보호자가 이러면 모친은 앞으로 못 걸을 수도 있어요. 지금부터 걷기 연습하셔야 합니다."

걷기가 중요한 줄은 알지만 이렇게 빨리 시작해야 하는 줄은 몰랐다. 혼자 설 수도 없는 노인을 당장 걷게 하는 건 무리다. 다행히 상처가 잘 아물었다고 하니 걷기 연습도 열심히 하기로 했다.

다음날 세 모녀가 목욕탕에 갔다. 조심조심 엄마를 부축해 뜨거운 탕에 몸을 담그고 있으니 그동안의 긴장과 피로가 한꺼번에 풀리는 것 같았다. 엄마는 평소에도 목욕탕 가는 걸 좋아했다. 넘어지기 전만 해도 일주일에 두 번은 유모차에 목욕 바구니를 싣고 마을회관에 딸린 목욕탕에 가셨다. 그런 날은 노인 혼자 사는 집에서 향긋한 비누 향이 풍겼다. 내가 가면 때수건과 비누, 샴푸, 빗, 칫솔 등을 창가에 가지런히 널어놓고는 점심 준비를 하고 계셨다.

작년 가을에 엄마가 동네목욕탕에서 넘어진 적이 있는데, 나는 한참 후에 알았다. 발목에 붕대가 감겨있어서 물었더니 목욕탕에서 넘어졌다고 했다. 옷이나 양말에 가려진 곳은 유심히 살피지 않으면 모른다. "그때는 참말로 뭔 일 나는 줄 알았다"라며 당시 상황을 말씀하시는데 충격이 컸던 것 같았다. 왜 진즉에 말하지 않았냐고 하자 엄마는 "걱정 마라, 이제 다 나았다"고 하며 아무렇지 않게 웃었다.

엄만 넘어지거나 어딜 다쳐도 심각한 정도가 아니면 우리에게 말하지 않았다. 그 판단을 당신이 하는 것도 문제지만 말하지 않으면 자식들은 모른다. 혼자 끙끙 앓으며 파스 붙이고 연고 바르고 하다가 시간 지나 상처가 아물고 나면 그제야 그런 일이 있었노라고 했다. 그것도 우리가 알아채고 물으면 마지못해서.

 문제는 또 있었다. 언제부턴가 밥상이 상보에 덮여 마루 한쪽에 차려져 있었다. 먹다 남은 밥, 조미김, 졸아든 찌개, 몇 날 며칠 냉장고를 들락거린 반찬이 밥상에 그대로 놓여 있었다. 엄마가 장을 봐서 새로 반찬을 만드는 건 우리가 엄마 집에 간다고 할 때였다. 갈치 굽고 겉절이 무치고 소고깃국 끓여서 자식들이 배불리 먹고 가면 남은 찬은 엄마 차지였다. 제발 먹다 남은 음식은 버리라고 해도 괜찮다고, 아까운 걸 왜 버리냐고 하면서 또 냉장고에 넣었다.

 부실한 식사도 문제지만 밥상이 늘 한 자리에 차려져 있는 건 예전에 없던 일이다. 부엌에 가려면 마루에서 계단을 내려가는 불편한 구조인데도 엄마는 식사가 끝나면 바로 상을 치웠다. 밥을 먹을 때만 펴서 사용하고 그 외에는 접어서 벽과 책장 사이에 세워놓던 상이 24시간 마루에 펴져 있다는 건 그만큼 엄마 몸이 귀찮고 힘들다는 신호였다. 우린 예사로 생각했다. 어느 날부터는 상 위에 소금 종지가 버젓이 올라와 있었다. 나이 들면 짠맛에 둔감해진다는데 눈여겨보는 자식이 없었다. 노년에 가장 위험하다는 낙상의 징

후가 그때부터 있었던 건데 우리는 몰랐다. 엄마가 괜찮다고 하니까, 말해도 소용없으니까, 손님처럼 빼쭉 얼굴만 내밀고 오기 바빴다.

목욕을 마치고 밖으로 나오니 소읍의 낮은 건물 사이로 뉘엿뉘엿 해가 지고 있었다. 응달에 쌓인 잔설이 바람에 이리저리 쓸리며 눈보라를 일으켰다. 저녁 장을 보려는지 아주머니 둘이 몸을 잔뜩 움츠린 채 마트 안으로 뛰어 들어갔다. 엄마가 넘어지지 않았다면 나도 지금쯤 식구들 기다리며 저녁 준비하고 있을 텐데. 아들은 집에서 밥 먹는 일이 거의 없지만 남편은 해놓은 밥도 못 찾아 먹는 사람이다. '한 그릇 사 먹고 말지, 마누라도 없는 집에서 혼자 밥 찾아 먹는 것만치 궁상스러운 일도 없다'는 남편은 어디서 저녁밥을 해결할까. 지금까지 해오던 일들이, 평범한 일상이 아주 오래전 일처럼 아득하게 느껴졌다.

마트 입구 가판대에서 호빵이 익어가고 옆에서는 즉석 통닭을 튀겨내고 있었다. 그날 통닭을 두 마리나 사 와서 세 모녀가 정신없이 먹었던 기억이 난다. 배도 출출했지만 잘 먹고 힘내서 엄마를 걷게 하려는 의욕이 식욕을 불러왔을 것이다. 엄마도 모처럼 식욕이 도는지 맛있게 드셨다.

12월 29일은 89번째 엄마 생신이었다. 해마다 친정집에 모여서 하던 김장을 이날에 맞춰 언니 집에서 하기로 했다. 육 남매 식솔들이 문경으로 총출동했다. 왁자지껄한 자식들 방문에 누워만 지내던 엄마도 일어나 걷기 연습을 하고 부엌에 나와 김치 양념의 간도 봐주었다. 언니와 형부는 김장 준비를 하며 음식까지 장만해서 생신상을 차렸다. 케이크에 촛불 켜고, 다 함께 생신 축하곡을 불렀다. 엄마가 여러 번 시도 끝에 촛불을 끄자 우레와 같은 박수가 터져 나왔다. 앞으로 몇 번의 생신을 더 맞을 수 있을까. 며칠 후 엄마를 대구 우리 집으로 모시고 왔다.

재활 치료

3월쯤 날이 풀리면 엄마를 시골집으로 모시기로 하고, 그 전에 재활 치료를 받기로 했다. 병원을 알아보고 의사 만나 상담하고 결정하는 일은 막내 오빠가 맡았다. 몇 군데 알아보고는 서부 정류장에서 가까운 한방병원으로 결정했다. 친정 동네에서 버스를 타면 한 번에 올 수 있다. 예전에 엄마 친구가 입원했을 때 엄마하고 면회 왔던 곳이기도 하다. 이런 이유가 병원을 선택하는 데 있어서 우선순위가 될 순 없지만 같은 값이면 생판 낯선 곳보다는 정서적으로 좀 더 가깝게 느껴지는 곳을 선택했다. 그것이 엄마에게도 심리적으로 안정감을 줘서 회복에 도움 되리라 믿기 때문이다.

"엄마 이 병원 알지? 가매 아지매 입원했을 때 나랑 면회 왔잖아, 그리고 조금 더 가면 성당시장인데 큰오빠 신혼집이 근처에 있어서 자주 왔잖우. 생각나?"

딱히 할 일 없는 병원에 있어 보면 모녀 사이에도 할 말이 많지 않다. 무료한 시간을 달래려고 케케묵은 옛날이야기를 꺼냈는데 엄마는 회상에 잠기듯 아련한 표정을 짓곤 했다. 그건 나 역시도 마찬가지다. 엄마와 함께했던 과거의 어느 시점으로 돌아가 마음이 말랑말랑해진다. 재활병원은 둘째 오빠 집과도 가까워 올케언니가 매일 아침 보온병에 커피를 담아왔다.

재활병원이라고는 하지만 일반 외래환자부터 재활과는 거리가 멀어 보이는 고령의 환자들도 있다. 기약 없이 누워 있는 그들에 비하면 재활을 위해 입원하는 건 그래도 희망이 있다는 것이다. 하지만 병원 생활은 그 자체로 환자와 가족에게 스트레스다. 엄마는 환경에 예민한 데다 다뇨증이 있다. 기저귀를 차고 있어도 기어이 화장실을 고집한다. 횟수도 잦다 보니 그때마다 부축해야 하는 간병인도 힘들고 다른 환자들에게도 민폐다. 그나마 낮에는 우리가 있어서 괜찮지만 밤이 문제다. 한번은 한밤중에 화장실에 가겠다는 엄마를 간병인이 기저귀에 보라며 대꾸조차 않자 혼자 침대에서 내려오다 떨어지는 일이 발생했다. 손목에 타박상을 입는 정도였기에 망정이지 더 큰 문제가 생겼다면 어쩔 뻔했는가.

  그동안 다뇨증 치료를 위해 검사도 하고 약도 처방받아 복용했지만 별 효과가 없었다. 의사는 노화로 인해 신체기능이 떨어진 이유라고 했지만, 엄마의 소심한 성격과 살아온 내력을 아는 나로서는 심리적인 요인이 클 거라고 짐작할 뿐이다. 그러니 낯선 공간에서 낯선 사람들과 지내는 병원 생활이 다뇨증을 악화시키는 꼴이다. 엄마 연세가 되면 부인과 병원 가기도 쉽지 않고 갈 만한 병원도 마땅치 않다. 다른 산부인과도 대부분 마찬가지이지만, 최근에 다녀온 산부인과 의사는 엄마 손자뻘 되는 나이인 데다 임산부가 주로 오는 병원이다. 새 생명을 잉태해 행복해하는 젊은 부부들 사이에 앉아 있기가 엄마도 나도 불편했다. 하루 한 시간 남짓 재활 치료를 받기 위해 24시간 불편을 감수하며 입원해 있는 게 맞나 싶은데도 어쩔 수 없다.

 엄마가 있는 병실은 간병인 두 명이 밤낮으로 교대하며 여섯 명의 환자를 돌본다. 그중에 맞은편 침상의 세 환자는 의식이 없고 움직이지 못해 누워서 지낸다. 하지만 간병인은 잠시도 쉴 틈이 없다. 작고 깡마른 체구로 자기보다 덩치가 배나 되는 환자를 케어하는 모습은 보기에 안쓰럽다. 늘 어져 있는 환자를 일으켜 앉혀서 식사 수발을 들고 이리저리 몸을 돌려 뒤처리하는 데는 요령 없이는 불가능하다. 그런데도 간병인이 환자를 건성으로 대하고 불러도 모른 척할 때는 보호자 입장에서 심히 걱정스럽다.

엄마를 위한 집 수리

 드디어 엄마가 재활병원에서 퇴원하는 날이다. 재활병원

에 입원한 지는 열흘 만이고 수술을 받기 위해 집을 떠나온 지는 다섯 달 만이다. 둘째 올케언니와 막내 오빠 내외가 와서 같이 퇴원 준비를 했다. 재활의 효과는 미미하고 섬망 증세는 더 심해졌지만 일련의 과정을 마치고 엄마가 집으로 돌아갈 수 있게 되었다는 사실만으로도 기뻤다. 집순이 엄마에게는 집이 주는 안정감보다 더 나은 재활 치료는 없을 것이다.

하지만 당신이 그토록 그리워하던 집은 이제 편안한 쉼터가 아니라 안전을 위협하는 공간이 되고 말았다. 대문 간에 있는 화장실에 가기 위해 하루에도 몇 번씩 계단을 오르내릴 때는 엄마는 물론 부축하는 우리도 신경이 곤두섰다. 오빠들과 상의해서 집을 수리하기로 했다. 엄마는 다시 문경 언니가 모셔가고 나는 친정을 오가며 공사를 책임지고 맡았다.

지은 지 사십 년이 넘은 집은 너무 낡은 데다가 구조적으로도 문제가 많았다. 현관문을 열고 마루에 오르려면 ㄱ자로 꺾인 시멘트 계단이 버티고 있어 마치 까다로운 입국 절차를 밟듯 긴장된다. 게다가 계단 폭이 넓고 위에는 장판을 깔아놓아 잘못하여 미끄러지면 큰 부상으로 이어질 수 있다. 이렇게 위험한 곳을 하루에도 몇 번씩 수십 년을 오르내렸으니 엄마 무릎이며 허리가 성할 리 없다.

 생활과 가장 밀접한 부엌과 화장실이 안채와 떨어져 있는 것도 문제였다. 오래전 구멍가게를 하면서 가족의 밥줄이 되었던 아래채도 세월의 하중을 견디지 못해 곧 쓰러질 지경이다. 마당은 마당대로 어수선하다. 고장 난 살림살이와 빈 화분 따위가 한쪽 구석에 쌓여 있다. 형제들이 모일 때마다 집을 손보자고 했으나 엄마가 반대했다. '나는 괜찮으니 공연히 돈 쓰지 마라'는 게 이유였다. 엄마는 당신이 불편한 것보다 자식들 형편이 먼저였다.

 살림살이를 옮기는 날은 큰오빠 식구들과 둘째와 넷째 올케언니가 왔다. 오래된 살림살이라 쓸 만한 것만 아래채로 옮기고 그렇지 않은 건 미련 없이 버리기로 했다. 예전에 언니가 집에 다니러 오는 날은 대청소하는 날이었다. 엄마도 깔끔한데 언니는 더 했다. 온 집안을 털고 쓸고 닦은 후에는 구질구질한 살림살이를 골라냈다. 엿장수도 갸우뚱할 냄비를 엄마는 못 버리게 하고 언니는 버려야 한다며 실랑이했다. 몇 번 그런 일이 있고 난 후 엄마는 작전을 바꾸었다. 언니가 하는 대로 보고만 있다가 대신 언니가 가고 나면 마당

쓰레기통에 내놓은 냄비를 다시 부엌에 가져다 놓았다. 아깝기도 했지만 가볍고 손에 익어 사용하기 편한 이유도 있었을 것이다.

 우리가 짐을 나르는 동안 큰오빠는 마루에 서서 집안을 둘러보았다. 뒷짐 지고 서 있는 모습이 생전의 아버지를 빼닮았다. 미워하면 닮는다더니 성격도 똑같다. 그런데도 두 사람은 사사건건 부딪치고 갈등했다. 아버지의 고성을 뒤로하고 대문을 박차고 뛰쳐나가던 큰오빠 모습이 지금도 잊히지 않는다. 철부지 막내였던 내가 이유를 다 알 수는 없었지만 두 사람 사이에서 엄마가 마음고생이 심했다. 이제 다 지난 일, 내일이면 집이 허물어지듯 큰오빠 가슴에 박힌 응어리도 허물어지길 마음속으로 빌었다.

 다음 날 아침 친정에 도착했을 때는 굴착기 작업이 막 끝난 뒤였다. 그동안 살던 집 모습은 간데없고 지붕과 뼈대만 남은 집이 초라하게 서 있었다. 여덟 식구가 함께 생활하던 곳이라곤 믿기지 않았다. 겨우 저 집을 지키려고 엄마가 거멀못 같은 삶을 살았던가 싶어 다리에 힘이 빠졌다. 이제라도 편안한 노후를 보내며 우리 곁에 오래 계셔 주길 바라지만 점점 삶의 의욕을 잃어가고 있다.

우리가 그리는 집은 입식 구조의 아담한 한옥이다. 부엌과 화장실을 집안으로 들이고 계단과 불필요한 턱은 없애기로 했다. 안채 수리가 끝나면 아래채는 헐고 대신 마당을 넓게 쓰기로 했다. 양지바른 곳에 텃밭을 일궈 엄마가 좋아하는 야생화와 줄장미를 심고 상추며 고추도 몇 포기 심을 계획이다. 훗날 엄마가 떠난 후에도 제사 지내고, 형제들이 모이는 공간으로 쓰려면 거실과 주방도 확장해야 했다.

바깥출입이 잦은 아버지를 대신해 식구들을 건사하는 것은 엄마 몫이었다. 우리 육 남매가 출가하고 아버지마저 돌아가시자 엄마는 홀로 이 집을 지켰다. 구십 년을 버텨온 육신의 집은 이제 수리도 할 수 없다. 풍상에 무너져 내린 허리는 고쳐 쓸 수도 없다. 집을 수리하고 새로 단장하면 생기를 찾으실까. 하루하루 기력을 잃어가는 엄마를 보면 마음이 조급해지는데 공사 일정은 고무줄 늘어나듯 한다. 뜰에서 볕을 쬐며 하염없이 앉아 있을 엄마를 그려본다. 봉숭아 따서 손톱에 물들이고 상추 솎아 밥 비벼 먹으며 그렇게 십 년만 더 사시면 좋겠다.

아버지 산소에서

 사월 초에 시작한 집수리는 약속했던 완공 날짜를 지나 스무닷새 아버지 기일마저도 넘기게 생겼다. 공사 중간에 두 차례나 추가한 부분이 있고 사나흘 폭우가 쏟아진 탓도 있지만, 여러 날 지연되어 애가 탔다. 아버지 허락 없이 집을 허문 터라 제사는 깨끗하게 수리한 새집에서 모시고 싶었다. 공사를 무리하게 진행할 수도 없고 제사를 미룰 수도 없어 난감했다. 큰오빠 결정만 기다리고 있는데 기일에 산소로 모이라는 연락이 왔다.

 제사는 상차림을 간소화하는 추세를 넘어 이제는 각자 형편에 맞게 지내는 시대가 되었다. 내 주위에도 일 년 제사를 모아서 한 번에 지내거나 산소에 가서 지내는 집이 있다. 그때는 그저 그런가 보다 했는데 막상 경험해 보니 의외로 감동이었다. 사월 봄날에 도심 근교의 유택까지 가는 길이 꽃길이었다. 명절에도 "나는 안 갈란다"며 집을 지키던 엄마가 수술한 몸으로도 선뜻 응해 주어 우리도 힘이 났다. 종일 전 부치랴 나물 데치랴, 허리 펼 새 없었던 올케언니들도 발걸음이 가벼워 보였다. 양옆에서 시모를 부축해 나란히 걸어

가는 고부의 모습이 공원묘지를 배경으로 한 폭의 그림 같았다. 이 광경을 내려다보는 아버지도 흐뭇해하실 것 같아 나도 모르게 코끝이 찡했다.

큰올케 언니가 장만해 온 제수로 제사를 지낸 후 아버지 옆에 자리를 펴고 앉았다. 명절마다 성묘를 오지만 집에서 차례를 지내고 오기 때문에 형식상 다녀올 때가 없지 않았다. 이번에는 제수는 물론 식구들이 먹을 밥까지 준비해 와서 소풍 온 기분이었다. 큰 양푼에 밥을 비벼 나눠 먹고 퇴주잔을 비우며 시간 가는 줄 몰랐다.

아버지도 '왔다 가기 바쁜 자식들이 오늘은 느긋하게 떠들며 놀고 있으니 마음 놓고 한잔해야겠다'라고 하실 것 같았다. 막내 오빠는 "아버지 맥주 한잔 올리겠습니다. 엄마 빨리 회복하도록 도와주세요, 아버지, 저희들 식사하겠습니다." 하며 전에 없이 천연덕스럽게 굴어서 정말 아버지가 살아서 옆에 계시는 착각이 들 정도였다.

문득 제사는 이래야 하지 않을까, 하는 생각이 들었다. 망자를 먼 곳까지 오시게 할 게 아니라 산자가 찾아가는 것도 도리일 것이다. 아버지 가신 지 열다섯 해, 제대로 아버지를 만난 것 같은 특별한 제사였다.

귀가는 했지만

　집수리는 어버이날을 이틀 앞두고서야 얼추 끝이 났다. 그사이 엄마는 문경 언니 집에서 우리 집으로 오셨다. 엄마를 모시고 친정에 왔더니 셋째 오빠가 보낸 꽃바구니가 먼저 와서 맞아주었다. 엄마는 "좋구나, 고생했다"라고 하면서도 집안에 눈길을 주지는 않았다. 꽃을 보고 하는 말인지 수리한 집을 보고 하는 말인지는 알 수 없다. 건성으로 하는 인사치레같이 들렸다. 눈에 익은 살림살이는 보이지 않고 낯선 집에 온 것 같으니 왜 안 그러실까. 안전이나 편리함 때문에 옛집에 대한 추억을 상실하게 하지는 않았는지…. 정들었던 집이 사라졌으니 당장은 서운하겠지만 차차 익숙해질 것이다. 엄마가 집안에서 보조기를 밀고 화장실을 갈 수 있게 된 것만도 어딘가.

　엄마가 돌아왔다는 소식을 듣고 뒷집 언니가 호박죽을 끓여왔다. 앞집 아지매도 한걸음에 달려오셨다. "몸은 좀 어떻노? 눈 뜨면 젤 먼저 오는 집이 텅텅 비어 있어서 내사 마 심심해 죽을 뻔했다"며 울상을 지어 한바탕 웃었다. 어버이날에는 온 가족이 모여 엄마의 퇴원과 귀가를 축하하며 이웃집에 떡을 돌렸다. 예나 지금이나 엄마에게 이웃은 가족 못지않게 소중한 사람들이다.

귀가는 했지만, 엄마 혼자서는 생활이 불가능하다. 수술 후유증으로 섬망증세가 있고 낙상 위험도 여전하다. 이전의 시간으로 돌아가려면 기력이 좀 더 회복되기를 기다려야 한다. 오늘은 막내 오빠가 있기로 해서 각자 집으로 돌아갔다. 집에 와서도 머릿속이 복잡하다. 이제부터가 시작일지 모른다. 긴 시간 인내가 필요할 것이다. 오빠들이 친정집과 지척에 살긴 해도 매일 온다는 것이 쉬운 일은 아니다. 더구나 큰올케 언니는 아픈 큰오빠 수발만으로도 벅차다. 다른 오빠나 올케언니들도 적지 않은 나이여서 역할을 분담하자고 하기가 거북스럽다. 딸은 출가외인이라고 가족으로 인정하지 않은 시절이 있었는데, 언제부턴가 친정 부모 수발은 딸이 맡아 하는 것을 당연하게 여기는 세상이 되었다.

연로한 엄마가 계시지만 노인 문제나 돌봄 제도에 대해 알지 못했다. 저마다 바쁘게 사느라 거기까지 관심을 가지지 않았다. 아니 늘 그 자리에 엄마가 계실 줄 알았다. 막상 일이 생기고 보니 막막하고 답답했다. 체계적인 돌봄이 필요하다. 막내 오빠가 건강 보험 공단에 노인 요양 등급 판정 신청을 했다. 엄마는 4급 판정을 받았다. 하지만 공단에서 지원하는 가정 방문 서비스는 하루 세 시간이다. 요양사가 오전 8시에 와도 11시면 돌아간다. 아쉬운 대로 아침 식사와 오전 돌봄은 해결되겠지만 나머지 시간과 주말은 고스란히 가족 몫이다. 보호자가 비용을 부담하기로 하고 1시간을 연장해서 점심까지 드리게 했다. 요양사가 퇴근한 후에는 올케언니들과 내가 교대로 가서 저녁 식사와 잠자리를 봐 놓고 온다.

다행히 엄마가 안정을 찾으면서 우리도 조금씩 여유가 생겼다. 낯선 사람과 지내는 것이 불편해서 싫다시더니 이제는 자식보다 요양사를 더 편하게 대한다. 가야 할 길은 멀지만, 엄마의 시계를 수술 이전으로 되돌릴 수 있다면 더 바랄 게 없겠다. 이웃에 마실 다니며 우리를 기다리던 그때로 돌아갈 수 있겠지, 아자!

복례 씨

 엄마의 당뇨약 타러 가는 날인데 기상청 예보는 올 들어 가장 더운 날이라고 한다. 내가 갈 때까지 선풍기 켜놓고 방에 계시라 하고선 눈썹이 휘날리도록 달려왔는데 벌써 대문 밖에 나와 있다. 그 몸으로 어떻게 나오셨을까. 그늘 한 뼘 없는 길에 언제부터 나와 있었는지 얼굴이 벌겋게 익었다. 제 늦은 생각은 하지 않고 엄마의 극성스러움에 울컥해서 한마디 하려다가 그만둔다. 들으나 마나 '내가 얼른 가야 니가 덜 고생할 텐데…'라고 할 게 뻔해서다. 예사로 듣던 그 말이 요즘은 고깝게 들리는 터라 입 꾹 다물고 앞만 보고 내달린다.

 "아, 복례 할매 오셨능교. 야, 꽃바지 입으니 십 년은 더 젊어 보이네."

 "……."

 "보자, 혈압 당뇨 다 좋네. 이래만 관리하면 100살은 문제없다. 수술한 데는 괜찮아요?"

 "몇 자죽만 띠도 어지럽고 넘어질라는 건 와 그런교? 숨질도 급하고…."

"혈압약이나 당뇨약을 오래 자시면 그럴 수 있어요. 그렇다고 약을 끊을 수 없으니까 조심하는 수밖에 없어요. 한 번 더 넘어지면 그때는 진짜로 큰납니더."

"이래 살면 뭐 하겠노. 자숙들 고생시키고, 지금이라도 자는 잠에 가면 소원이 없겠구만."

"……."

"우야든동 안 아프게 해 주소."

"하하 그건 할매 보고 처녀 만들라는 소리나 마찬가지제. 내가 그런 재주 있으마 종일 답답한 진료실에서 이카고 있겠어요. 우리 몸이 쇳덩이도 아니고, 구십 가까이 써먹었으마 안 아픈 기 도로 이상하지요."

"……."

"그래도 속병 없는 기 어딘교. 이 연세되마 대부분 저세상 갔거나 요양원에 가 있을 낀데, 복례 씨는 이만하면 양호한 편이라요. 우엣 걱정하지 말고 자식들한테 맛있는 거 해 달래서 잡숫고 부지런히 운동하시이소."

"……."

"우짜능교 나이 묵은 사람이 아파줘야 젊은 사람들이 덜 아프겠거니 생각해야지. 그래야 세상이 돌아갈 꺼 아잉교.

주사 좋은 걸로 줄 테니 한 달 후에 보입시대이."

 엄마가 이 보 전진 일 보 후퇴를 반복하면서 주사실로 들어가자 의사 선생님이 조용히 나를 부른다.

 "가만히 있어도 어지럽고 열이 나면 곧장 병원으로 모시고 가야 합니다."

 병원 문을 나설 때는 엄마도 나도 발걸음이 한결 가볍다. 내가 하고 싶은 말을 의사가 대신해 줘서 나대로는 속이 후련하고, 엄마도 일일이 말 못 하고 혼자 끙끙대던 걱정이 어느 정도 해소된 것 같아서다. 약국에 들러 한 달 치 당뇨약과 필요한 상비약을 사고 나니 그제야 배가 고프다. 엄마하고 자주 가던 '벚꽃 나들' 식당으로 간다. 고즈넉한 전원 풍경이 한눈에 들어오는 데다 음식이 맛있고 정갈해서 자주 가는 곳이다. 오늘은 버섯탕 한 그릇을 다 드신다. 숟가락에 올려주는 반찬도 가리지 않고 받아 잡숫는다. 고분고분 말 잘 듣는 아이 같다. 쓴 약을 삼키듯 밥을 넘기는 모습이 비장하기까지 하다.

 엄마 잘했어. 아프면 병원 가고 아니면 나하고 꽃구경 다니고 그럼 되지 뭐.

잔디처럼

창밖을 보고 있던 엄마가 "저게 머고?" 하며 뭔가에 시선이 꽂힌다. 종일 멍하게 앉아 있는 엄마가 무엇에 관심을 보이는 것이 반가워서 '어디 어디' 하면서 엄마 옆에 바투 붙어 앉는다. 몸을 낮추고 이리저리 살펴봐도 내 눈에는 특별히 보이는 것이 없다. 뭘 보신 걸까.

집을 수리하면서 대문에서 현관까지는 휠체어가 다닐 수 있도록 시멘트를 바르고 나머지는 잔디를 심었다. 공사하는 사람이 잔디 관리하기가 여간 귀찮은 게 아니라고 했지만, 그 정도로 마당이 넓지도 않거니와 도시에 사는 사람에게는 '잔디 있는 마당'에 대한 로망이 없지 않다. 집수리가 끝나갈 무렵 잔디를 심는다고 해서 지켜보았다. 잔디는 심는 게 아니라 그냥 흙 위에 올려놓는 것 같았다. 잔디 심을 자리에 마사토와 모래를 섞어 평평하게 한 다음 시루떡처럼 잘라 온 잔디를 연결해서 놓기만 하면 되었다. 지나다닐 때마다 발로 꾹꾹 밟고 물만 주었을 뿐인데 한 달쯤 지나자 자리가 잡히고 하루가 다르게 쑥쑥 자랐다.

엄마를 휠체어에 태워 마당으로 나왔다. 예사로 보았는데 군데군데 토끼풀과 노란 민들레가 앙증맞게 피어있다. 가까이서 보니 집 안에서 볼 때보다 더 파릇파릇하고 생기가 돈다. 지난 몇 달간의 일상이 지극히 단순하고 무의미하게 흘러간다고 생각했는데 아니었던가 보다. 엄마는 내가 보지 못한 것까지 보고 있었다. 말로 표현하지 않을 뿐, 아니 순간적으로 하는 말을 우리가 놓쳐서 그렇지 다 알고 있었다. 날씨와 계절의 변화를 느끼며 누가 오고 가는지도 알고 있었던 것이다.

　토끼풀로 팔찌를 만들어 엄마 손목에 채워주었더니 '이쁘다' 하시며 가만히 들여다본다. 잔디의 푸른 기운을 받아 엄마도 하루빨리 기력이 돌아나면 좋겠다.

저혈당으로 입원

　친정에 가려고 나서는데 요양사한테 전화가 왔다. 엄마가 구급차에 실려 읍내 병원으로 가고 있단다. 혈당이 39까지 떨어졌다는 요양사의 다급한 목소리에 사이렌 소리가 환청처럼 들린다. 막내 오빠한테 전화를 돌리면서 병원으로 차를 몰았다.

그저께도 병원에 다녀오지 않았던가. 엄마가 다니는 단골 병원이 오전 진료만 하는 날이라 친정에서 가까운 다른 병원을 찾아갔다. 구토와 기침을 한다고 했더니 의사는 별다른 설명 없이 주사와 약을 처방해주었다. 심각하진 않나 보다 하고 마음을 놓았는데 구급차를 부를 정도라니.

응급실 침대에 동그마니 누워있는 엄마는 한 마리 작은 새 같았다. 날개를 움직일 힘조차 없는 늙고 작은 새…. 다시 일어나 날갯짓을 할 수 있을까. 나는 보호자 란에 서명하고 간호사가 묻는 대로 낙상부터 재활병원까지, 그리고 현재 복용 중인 약에 대해 자세하게 말해주었다. 그러고 나니 요 몇 달 사이 엄마에게 참 많은 일이 일어났구나, 싶었다.

간호사는 응급처치는 했으니 입원해서 지켜보자는 의사 말을 대신 전했다. 입원 수속하고 병실을 안내받았다. 저녁 시간이 되어서 그런지 2층 다인실의 분위기는 우리 마음처럼 어수선했다. 의료용 카트가 병실 가운데에 자리를 차지하고 있고 간호사는 환자들의 혈압과 맥박을 체크한 후 저녁 약을 나눠주고 있었다. 문 앞에서 식판을 들고 환자 이름을 부르는 조리사, 식판을 받아 환자에게 전하려는 간병인과 받으러 가려는 몇몇 보호자의 스텝이 엉키면서 실내가 부산스러웠다.

엄마는 입구에 있는 침상을 배정받았다. 그 와중에도 간병인은 입원에 필요한 준비물 리스트를 건네주면서 바로 준비해 달라고 했다. 속 기저귀와 겉 기저귀, 위생 장갑, 티슈, 실내화 등, 시트에 까는 패드도 크기 별로 두 종류나 된다. 엄마는 화장실을 가야 볼일을 보기 때문에 우선 기본적인 기저귀만 준비하겠다고 했는데도 무조건 다 갖추라고 했다. 평탄치 않은 병원 생활이 불 보듯 훤하다. 재활병원에 있을 때도 그 문제로 간병인과 껄끄러웠던 적이 있었다. 할 수 없이 퇴원하기 전 3일은 개인 간병인을 썼다. 하지만 개인 간병인도 엄마가 밤새 화장실을 들락거려서 한숨도 못 잤다는 등의 불평을 늘어놓아서 계산할 때 약간의 웃돈을 얹어 주어야 했다.

진단 결과는 저혈당증이었다. 기침과 구토를 반복하는데도 꼬박꼬박 당뇨약을 드시게 한 것이 원인이었다. 자칫 저혈당 쇼크가 왔다면 위험할 뻔했다는 의사 말에 고개를 들

수 없었다. 우리는 왜 이 모양인가.

아버지가 돌아가신 후 얼마 있다가 엄마와 읍내 단골약국에 들른 적이 있다. 아버지와 막역한 사이였던 약사 어른은 아버지가 쓰러지기 몇 달 전부터 혈압약을 타가지 않았다고 했다. 의사와 상의 없이 약을 중단하면 위험하다고 여러 번 말했는데도 알겠다고만 하고 차일피일했다는 것이다. 건강하던 양반이 갑자기 쓰러진 데에는 그 이유도 없지 않았을 거라며 몹시 안타까워하셨다. 가족 누구도 그 사실을 몰랐다. 아버진 왜 그러셨을까. 그때 약을 끊지 않고 제대로 복용했다면 쓰러지지도, 돌아가시지도 않았을까. 약사의 말을 잠자코 듣고 있던 엄마가 말인지 탄식인지 모를 한마디를 내뱉었다.

"흐이고, 등신 같은 양반이, 혼자 똑똑치."

엄마가 아버지에 대해 감정을 실어 표현하기는 아마도 처음이었다. 돌아가셨을 때도 엄마가 슬피 우는 모습을 본 기억이 없다. 내가 울었다. 장례식장으로 가기 위해 들것에 실려 나온 아버지를 붙잡고 울었다.

"아버지, 이렇게 가시는 건 아니지요. 엄마한테 고생했다, 미안하다 한마디는 하고 가셔야죠, 아버지…."

사람 좋아하고 사람들 속에 있을 때 더 존재감이 있었던, 그래서 그들에게 더 인정받았던 아버지, 병원에서 홀로 맞이한 죽음은 어울리지 않았다. 그렇게 가시는 건 무책임한 일이었다. 긴 세월 당신의 빈 자리를 지켜온 엄마의 희생에 사과는 하고 가시라고 매달렸다.

　엄마는 담담하게 아버지를 보내고 홀로 남아 집을 지켰다. 때맞춰 약 챙겨 드시고, 당신 스스로 약을 찾아드시지 못하고부터는 옆에 있는 요양사나 우리가 챙겼다. 이번 일은 순전히 우리 잘못이고 무지함에서 비롯된 일이다. 적어도 엄마가 장기간 복용하고 있는 약에 대해서 알고는 있어야 했다. 약을 꾸준하게 복용해서 수치가 안정적인지, 안정적인데도 습관적으로 약을 복용 하는지 알아봐야 했다. 병원에서 처방해 주니 믿고 당연히 그래야 하는 줄 알았다.

객귀야 물렀거라

　일주일 만에 퇴원했는데 엄마가 기운을 못 차린다. 수술하고 나왔을 때도 이렇지는 않았다. 눈동자가 풀려있고 몸을 가누지 못한다. 숟가락에 물을 떠서 입에 넣어주면 삼키지 못해 바로 흘러내린다. 거즈에 물을 묻혀 입술을 축여도 그때뿐이다. 연락을 받고 오빠들이 달려왔지만 어떻게 해야 할지 몰랐다.

큰오빠가 당뇨를 앓고 있지만, 올케언니와 조카들이 곁에 있어서 형제들은 한발 물러나 있었다. 아버지는 여든이 되던 해에 갑자기 쓰러져 의식 없이 병원에 계시다가 돌아가셨다. 시부모님이 병원에서 마지막 시간을 보낼 때도 나는 아이들이 어리고 거리가 멀다는 이유로 자주 가지 못했다. 그러니 늙고 병들어 죽음에 이르는 과정을 가까이서 볼 기회가 없었다. 답답한 마음에 입원했던 병원에 전화했더니 혈당이 정상적으로 돌아와서 퇴원했기에 아무 문제가 없다 하고선 끊었다. 문제를 제기하려는 게 아니라 어떻게 해야 하는지 물어보려던 것인데….

앞집 아지매가 밭에 가는 길에 들렀다가 깜짝 놀라 그 길로 엄마 옆을 지켰다. 불안해하는 우리를 보고 꼭 일어날 거라고, 걱정하지 말라고 하셔서 마음이 조금 놓였다. 이럴 때 어른이 옆에 계셔서 얼마나 든든하고 힘이 되는지, 감사했다. 두 분은 떨어져 사는 자식보다 서로에게 더 의지가 되었다. 함께 경로당에도 가고 등에 파스도 붙여주면서 노년의 일상을 같이 했다. 아침에 눈 뜨면 서로 대문이 열려있는지부터 확인한다는 아지매 말을 처음에는 이해하지 못했다. 가슴이 먹먹했다. 엄마보다 두 살 많은 아지매는 지금도 농사일을 한다. 아들 내외가 하우스 농사에 매달리면서 밭농사나 집안일은 아지매 몫이 되었다. 일 년 농사일지를 훤히 꿰고 있을 뿐만 아니라 마을의 전설 같은 이야기를 죄 기억하고 있어서 역사의 산증인이나 마찬가지다. 이젠 눈도 침침하고 허리가 아파서 아무것도 못 하겠다고 하시면서도 일을 두고 보지 못한다.

 한나절을 지켜보던 아지매가 혹시 모르니 객귀를 물려보면 어떻겠냐고 했다. 객귀라면 집 밖이나 객지에서 죽은 혼을 가리키는 게 아닌가. 아버지가 별 이유 없이 기운을 못 차리고 체기로 고생할 때 엄마가 객귀 물리는 걸 본 적이 있다. 바가지 물에 밥과 고춧가루를 풀어 식칼로 휘휘 저으며 주문을 외우고는 마당에 던지고 식칼을 꽂아 그 위에 바가지를 엎어놓았다. 그 때문인지는 알 수 없지만, 아버지는 자리를 털고 일어나 평소처럼 출타하셨다. 지푸라기라도 잡고 싶은 심정에 뭔들 못 할까. 그렇게 하기로 부탁을 드렸다. 아지매는 저녁에 당장 해야겠으니 오래된 무덤의 잔디를 떼 온다며 집을 나섰다. 셋째 오빠가 같이 가겠다고 따라나섰는데 기어이 낫과 자루를 챙겨서 혼자 가셨다.

신기하게도 엄마는 차츰 기운을 차렸다. 세상에는 과학으로 설명할 수 없는 일이 종종 있다. 삼 일째 되는 날은 미음도 드시고 우리와 눈도 맞췄다. 아지매 덕분에 엄마가 살았다. 엄마니까 해낸 거다. 아침마다 오셔서 엄마를 지켜보던 아지매는 '이제 됐다'며 밭매러 가셨다. 연세가 많으면 나빠지는 건 한순간이다. 불안해하며 우왕좌왕하기보다 차분하게 지켜보며 최선을 다하는 게 중요한 것 같다.

마처 세대

친구 넷이 한 달에 한 번 점심 먹는 모임이 있다. 아이들이 고등학생일 때 다른 동네로 이사한 적이 있는데, 눈에서 멀어지면 마음에서도 멀어진다나. 이러다 영영 못 보게 될지도 모른다고 한 친구가 우겨서 만든 모임이다. 우리는 일 년 만에 다시 돌아왔고 모임은 지금까지 이어지고 있다.

친구들과는 마흔쯤에 이웃으로 만나 오십 고개를 함께 넘었다. 나는 결혼도 늦게 했지만, 아이들 키우고 정신없이 살다가 어느 날 보니 오십이 눈앞에 와 있었다. 그래선지 오십이란 나이는 참 억울하고 받아들이기 힘들었다. 육십 칠십도 아닌 오십이 왜 그렇게 서글프던지. 그때 같이 카운트 다운을 하며 옆에 있어 준 친구들이라 그런지 감정이 남다르다. 그러고 나니 육십은 언제 지나갔는지도 모르게 지나갔다.

아이들은 성인이 되었고 그때만큼의 열정은 아니지만, 건강과 삶의 내면을 채우기 위해 저마다 바쁜 일상을 보낸다. 할머니로 신분 상승한 친구도 있다. 가능하면 동네 맛집에서 점심 먹고, 가까운 신천을 산책하거나 수다를 떨며 물 흐르듯 살고 있다.

그중에서 한 친구를 제외한 셋은 친정엄마가 생존해 계신다. 구십 초반으로 연세가 비슷한 데다 세 분이 공교롭게도 낙상으로 고관절을 다쳐 수술했다. 모임 하던 중에 걸려 온 전화를 받고 부랴부랴 친정으로 달려가던 K의 모습이 지금도 생생하다. 그때만 해도 친구 어머니가 실수로 넘어진 사고로 대수롭지 않게 여겼다. 삼 년 후 엄마에게도 똑같은 일이 일어났고 그로 인해 일상이 180도 바뀔 줄은 상상도 하지 못했다.

K의 어머니는 수술 후 퇴원하면서 곧장 요양원으로 가셨다. 어머니가 원하셨다고 했다. 거동이 불편한 몸으로 시골집에 혼자 있는 것보다 요양원이라도 좋으니 자식들 가까이 있고 싶다고 하셨단다. "때 되면 밥 주지, 겨울에 추위 걱정 없지, 주말이면 자식들 찾아오지…, 나는 여기가 좋다"고. 오죽 적적하고 외로웠으면 그럴까 싶으면서도, 어머니가 낙천적이고 씩씩한 분인 것 같아 부럽기도 했다.

J의 어머니는 방문 요양사의 도움을 받으며 시골집에서 혼자 생활하신다. 마찬가지로 낙상으로 수술하셨고, 심하진 않지만, 치매약을 복용 중이다. J가 대구에서 한 시간이 넘는 친정을 오가며 어머니를 모시고 병원에 다녀오거나 약을 타서 가져가는 등 보호자의 역할을 톡톡히 하고 있다. 우리 엄마가 수술 후유증에 척추 협착증이 더해 종일 앉아서 지내는 것이 문제라면, J의 어머니는 너무 활동적이어서 문제다. 마당에 온갖 채소와 꽃을 심어놓고 한더위에도 그곳에서 지

낸다며 J가 걱정할 정도다.

 J의 어머니는 얼마 전 큰일 날 뻔한 일이 있었다. 저녁에 전화를 했는데 받지 않더라고 했다. 이웃에 사는 친척에게 전화해서 확인해달라고 부탁했는데 깜깜하게 불이 꺼진 채 아무도 없다는 연락이 왔다. 객지에 사는 자식들이 총출동했다. 온 동네를 뒤지고 가실 만한 곳을 찾아다녔지만 헛걸음이었다. 밤이 깊어 경찰에 신고해야 하나 망설이고 있는데 어머니가 대문을 들어서더라고 했다. 거의 탈진 상태였다고 한다. 그날이 장날이었는데 요양사가 퇴근한 후 장터에 나갔다가 길을 잃었다. 날이 어두워지자 깜빡 정신을 놓고 헤매다가 가까스로 찾아오셨다.

 J가 하는 이야기를 들으면서 오래전 지인이 친정어머니를 잃어버리고 끝내 찾지 못한 일이 떠올라 가슴을 쓸어내렸다. 다행이라고, 정말 다행이라며 우리는 눈가를 붉혔다. 가만히 듣고 있던 K가 뜻밖의 이야기를 했다. 사실은 어머니가 원해서 요양원에 가신 게 아니라고 했다. 형제는 많아도 시골에 들어가 함께 살 사람이 없고, 그렇다고 모시고 와서 함께 살 여건도 안 되니 어쩔 수 없이 요양원으로 모셨다며 끝내 눈물을 보였다. 지금은 잘 적응하고 계신다고 해서 우

리는 또 다행이라고 입을 모았다.

비단 K의 이야기만이 아닐 것이다. 지금은 가족이란 말이 무색할 정도로 떨어져 사는 일인 세대가 많다. 결혼해도 맞벌이 부부가 대부분이어서 부모를 모실 여건이 되지 않는다. 사회적 인식도 늙고 병든 노인은 요양원에 가는 것을 자연스럽게 받아들인다. 나 역시도 지금은 엄마를 집에서 모시고 있지만 언제 상황이 나빠져 시설로 모셔야 할 때가 올지 모른다.

부모를 봉양하는 '마지막' 세대이자 자녀에게 부양받지 못하는 '처음' 세대를 가리켜 '마처 세대'라고 하는 신조어가 있다. 1960년대생으로 우리가 그 세대다. 암담하고 우울한 일이지만 지금은 부모를 봉양하느라 미래를 걱정할 겨를조차 없다. 게다가 자녀들의 취업과 결혼이 늦어지면서 양육이 완전히 끝난 것도 아니어서 부모와 자녀 사이에 '낀' 세대이기도 하다. 씁쓸한 일이긴 하나 우리 사회가 맞이해야 할 엄연한 현실이다.

엄마를 일찍 여읜 친구는 우리를 부러워한다. 어릴 때 돌아가셔서 얼굴도 생각나지 않는다고, 꿈에라도 한번 보고 싶다는 친구의 쓸쓸한 낯빛을 보며 우리는 다시 힘을 낸다.

나는 왜 앞서갔을까

"커피 한 잔 뽑아 오세요, 얼른욧."

간호사 호통에 정신이 번쩍 들었다. 엄마 혈당을 체크하던 그녀가 내게 한마디 쏘아붙이고는 사탕을 찾는다며 서랍 뒤지는 걸 보고서야 알았다. 커피를 받아 드는 엄마 손이 가늘게 떨렸다. 이마에 땀이 송글송글 맺힌 것도 그때야 눈에 들어왔다. 도대체 내가 무슨 짓을 한 건지….

일주일 전에 검사해 놓은 요로감염 결과를 보고 혈압약도 탈 겸 병원에 왔다. 기저귀를 자주 갈고 신경을 쓰는데도 열이 나면 겁부터 난다. 노인에게 열증세는 결코 가볍게 넘길 문제가 아니다. 외출하기가 쉽지 않은데 본인이 아니면 안 될 은행 두 곳과 병원에 다녀오려면 서둘러야 했고 나름 시간 계산도 하고 있었다. 그런데도 집을 나설 때는 열 시가 가까웠다. 장마 끝에 나온 볕이 아까워 이불 내다 널고 방마다 창문을 열어 환기시키는, 지극히 사소한 이유로 말이다.

엄마를 차에 태우고 먼 곳부터 볼일을 보기로 했다. 읍내 은행에 가서 노령연금을 찾은 다음 면 소재지에 있는 마을

금고에 가서, 당신이 모아둔 약간의 현금과 만기가 되는 정기예금을 합해 재예치 시켰다. 그러고 나니 병원까지 다녀오기는 시간이 어중간했다. 하지만 곧 점심시간이라는 생각이 들자 그 전에 볼일을 보려고 엄마를 재촉하며 병원으로 왔다.

왜 그랬을까. 어차피 오늘 하루는 비워둔 시간 아닌가. 병원 점심시간에 우리도 점심을 먹으면 되고 그다음 느긋하게 병원에 가면 될 일이었다. 그런데도 점심시간이 병원 문 닫는 시간이라도 되는 양 힘들어하는 엄마를 차에 태우고 내리기를 반복하며 서둘렀다. 엄마는 당뇨가 있어서 규칙적인 식사와 안정이 중요한데도 말이다.

자식이 되어 아버지의 임종을 지키지 못했다는 죄책감은 지금도 회한이 되어 가슴에 남아있다. 의식 없이 누워 계셨던 몇 달도 길었던지 면회 가는 횟수가 점점 줄었다. 아이들이 어리고 감기라는 이유로, 시집에 일이 있다는 핑계로. 지금 생각하면 의식이 있고 없고가 무슨 상관인가. 그날은 무슨 마음으로 남편이 병원에 가서 아버지를 산책시켜 드리겠다고 했다. 책임 못 진다는 간병인의 만류에도 불구하고 남편은 아버지를 일으켜 휠체어에 앉히고 내가 두르고 간 목

도리를 벗겨 어깨를 감쌌다. 산책이라고 하지만 도심에 있는 요양병원에서는 막상 갈 곳이 없었다. 병원 복도를 서성거리다가 차도와 인접한 건물 주위를 몇 바퀴 돌았다. 이틀 후 새벽, 아버지는 홀로 먼 길을 떠나셨다.

아버지와의 갑작스러운 이별은 '노인에게 내일은 기약할 수 없는 시간'이라는 사실을 깨닫게 해주었다. 하루하루 사위어가는 엄마를 보면 나도 모르게 마음이 급해진다. 보행은 걸음마를 시작한 아이처럼 불안하다. 차에 타고 내릴 때나 내려서 지팡이에 의지해 중심을 잡고 발을 내디딜 때까지 시간이 걸린다. 내가 기다리고 있으면 엄마는 그런 내가 또 불편한지 뒤따라갈 테니 먼저 가라고 성화다.

엄마는 내가 몹시 바쁜 사람인 줄 안다. 살림하는 주부는 당연히 그래야 한다며 당신으로 인해 내 시간을 뺏는다고 미안해한다. 힘들어도 숨이 차도 멈추지 않고 나를 뒤쫓아 왔을 것이다. 나는 왜 앞서가기만 했을까. 나란히 걷다가도 어느새 휘적휘적 앞서가고 있는 나를 보면 한심하기 짝이 없다. 내 속도에 익숙해져 살다가 문득 돌아보니 엄마는 저만치 뒤에 있다. 늘 나를 앞세우고 눈에 보여야 마음을 놓던 엄마가 이제는 내 걸음을 따라올 수 없다. 뒤돌아보면 엄마는 보이지 않고 내가 부르면 골목 어디쯤에서 '그래 간다'라는 목소리만 들려온다, 그 목소리를 언제까지 들을 수 있을까.

고객님

 하루 두 번 방문하는 요양사가 칠월 한 달은 오후 근무를 쉬었으면 한다. 아침에 출근해서 엄마와 점심 먹고 잠시 퇴근했다가 오후 다섯 시에 다시 와서 저녁 식사와 잠자리를 봐주고 퇴근했었다. 자식들도 힘들어하는 일을 직업이라는 이유로 계속하고 있으니 그이도 휴식이 필요할 것이다. 남편에게 저녁밥을 한두 시간 늦추자고 했더니 두말없이 그러란다. 흔쾌히 동의해 주어서 고맙다. 한 달 동안 엄마를 책임진다고 생각하니 과제물을 받은 학생처럼 긴장된다. 잘하겠다는 의욕이 앞서면 내가 먼저 지치거나 감정 조절을 잘못하여 오히려 엄마에게 나쁜 영향을 미칠 수도 있다.
 주위에 친정어머니 치매로 걱정하는 지인이 있다. 심각하진 않지만, 꼭 새벽에 이집 저집 전화하는 바람에 출근해야 하는 자식들이 잠을 설쳤다. 한번은 새벽에 걸려 온 전화를 받고 아들이 "고객님, 전화 잘못 거셨습니다. 지금은 새벽이니 주무시고 나중에 전화하십시오"라고 정중히 말하자 조용히 전화를 끊더라고 했다. 웃픈 현실이지만 때에 따라서는 객관적인 돌봄이 필요할 것이다.

친정에 가져갈 찬거리를 바구니에 담으면서 가만히 다짐한다. '엄마 왜 그랬어?'라는 말은 하지 않기로 한다. 요사이 내가 자주 하는 말이다. 엄마가 기저귀를 만져서 바지에 소변이 새어 나오거나 낮에도 커튼을 죄다 내려서 집안을 깜깜하게 하는 바람에 그 말을 해놓고 후회했다. 다음은 무시로 한숨 내쉬며 '서글프다'고 말해도 '엄마 왜 그래'가 아니라 우리가 있으니 아무 걱정하지 말라고 말해주기로 한다. 돌아서면 잊어버리고 깜빡깜빡하는 당신 자신에게 실망하고 비관하더라도 먼저 가만히 들어준 다음 막내딸은 더 심하다고, 옛날과 다르게 지금은 공기도 나쁘고 환경이 오염돼서 젊은 사람들도 깜빡깜빡한다고, 그러니까 엄만 아무 문제 없다고, 알아듣기 쉽게 말하기로 한다.

참 우습다. 그 빛나던 맹세와 다짐이 하루를 넘기지 못한다. 언제 그런 다짐을 했는가 싶다. 막상 집에 가서 멍하게 앉아 있는 엄마를 보면 나도 모르게 잔소리가 나온다.

"엄마, 앉아만 있지 말고 왔다 갔다 좀 하지."

"엄마, 휴지는 한 번만 사용하고 버리라니까, 에구 땀 좀 봐, 선풍기랑 티비 코드는 왜 빼놨어?"

"나도 모리겠다. 미안하다."

이러는 나를 나도 모르겠다. 아차 싶지만 엎질러진 물이다. 미안하다는 엄마 말에 내 머리를 한 대 쥐어박고 싶다. 나야말로 왜 그랬을까. '엄마 왜 그래'가 아니라 '괜찮아, 아무 문제 없어'라고 말해야 했다.

엄마가 이전으로 돌아갈 수 있다면, 혼자 힘으로 바깥출입이라도 할 수 있다면, 조금만 더 노력하면 그렇게 될 거라는 희망. 그 희망을 놓을 수 없어서다. 내 엄마니까, 딸이니까 포기할 수 없는 거다.

지팡이가 휠체어로

휠체어를 자동차 트렁크에 실었다 내렸다 했더니 팔에 무리가 왔나 보다. 바퀴가 굴러갈 때는 몰랐는데 접어서 들어 올리려고 하자 저항이 만만찮았다. 크기도 커서 자동차에 실을 때마다 트렁크에 있는 자질구레한 물건들을 꺼냈다가 다시 넣어야 하는데 그것도 일이다.

바퀴는 굴러야 하고 사람은 두 발로 걸어야 하는 것이 숙명일 텐데….

그전에는 엄마를 모시고 병원에 가거나 외출할 때는 지팡이를 가져갔다. 가볍고 간편한 데다 웬만한 곳은 주차장이 있어서 잠깐 내려서 걷는 데는 문제가 없었다. 자주 가는 읍내병원은 주차 공간이 따로 없다. 할 수 없이 병원과 가까운 도로에 차를 세운다. 조심조심 엄마를 내리게 해서 지팡이를 잡게 한 다음 부축해서 병원으로 간다. 시간도 지체되고 넘어질까 봐 불안하기도 하지만 이렇게라도 걸어야 엄마가 좋아질 거라는 생각에서였다.

병원과 약국을 들러 집에 오면 엄마도 나도 파김치가 된다. 무사히 다녀왔다는 안도감 뒤에 뭔지 모르게 개운치 않은 감정이 뒤따라온다. 혼자 힘으로는 설 수 없는 엄마에게 빨리 가자고 재촉하는 나 자신도 싫고 걱정스럽게 바라보는 행인들의 시선도 부담스럽다. 병원에 도착해도 끝이 아니다. 시골병원이라는 곳이 동네 사랑방 같아서 필경 이웃 분들을 만나게 될 텐데, 보는 사람마다 걱정해서 하는 말도 자식 입장에서 듣기 편치만은 않다. 내 기분이 이런데 엄마는 어땠을까.

당신이라고 왜 자존심이 없을까. 멀쩡한 육신 어디 가고 자식에게 기대어 억지로 움직이는 자신의 처지가 얼마나 초라하게 여겨질까. 남 도움받기 싫어하고 혼자 힘으로 어려움을 감내하며 살아온 성정을 감안하면 그 마음이 오죽할까. 요즘 부쩍 서글프다는 말을 자주 하는 것도 그런 불편한 심정을 드러내는 말일 것이다. 걷게 하는 것만이 당신을 위하는 길인 줄 알았다. 휠체어로 이동해도 될 것을 다리 운동 안 하면 걷기 힘들까 봐 기어이 걷게 했다. 타인의 시선 따위는 개의치 않았다. 엄마를 한 인격체로 배려한 것은 아닌 듯하다.

작년에 수술하고 우리 집에 와 계실 때도 그랬다. 운동이 중요하다는 의사 말에 오전 열 시면 지하 주차장으로 내려갔다. 차들이 썰물처럼 빠져나간 그곳에서 걷기를 했다. 수술한 상처가 아물지 않은 데다 허리가 아파 주저앉으려고 하는 엄마에게 그래도 걸어야 한다며 무슨 훈련 조교처럼 굴지 않았던가. 엄마를 위해서 그랬다지만 일종의 폭력이었다는 생각이 든다.

　엄마를 위한다고 했던 것들이 정말로 엄마가 바라고 원하던 것이었을까. 자식으로서 할 일을 한다고 했지만 결국은 내 생각과 판단이 먼저였다. 그동안 휠체어를 멀리했던 것이 과연 엄마를 걷게 하려는 이유뿐이었을까. 몇 걸음 이동하기 위해 무거운 휠체어를 들어서 넣고 내릴 때마다 너무 힘들어서 이건 비효율적이라고까지 생각하지 않았는가. 내 편하자고 엄마 체면이나 기분은 생각지 않았다.

　나이가 든다는 것은 계속해서 뭔가를 잃는 것이라고 한다. 엄마는 이제 보조기 없이는 한 발짝도 떼기 힘들다. 말수도 부쩍 줄었다. 시간에 대한 감각과 기억력뿐만 아니라 지금까지 해왔던 생활 방식의 대부분을 잃어버렸다. 그런데 우리는 그 잃어가는 것들에 대해 슬퍼하고 되돌리려고만 했다. 여전히 자식들을 알아보고, 느리지만 대화가 가능하며, 마주 앉아 식사하고 휠체어를 타고 동네를 산책할 수 있다는 사실에 감사해할 줄 몰랐다. 이조차 하지 못하는 날이 머잖아 올 텐데도 말이다. 늦더라도 천천히, 엄마 속도에 맞추어야 한다. 마음만 앞세운다고 엄마가 당장 좋아지지 않는다는 것을 이제야 깨닫는다.

2장

석양증후군

우애 있게

우리가 주는 용돈을 쓰지 않고 모으는 엄마께 어디에 쓸 거냐고 물었더니 나중에 당신 아프면 병원비에 쓸 거라고 하셨다. 그 말을 하는 엄마 표정이 어찌나 진지하던지 나는 '큭' 웃음이 나왔다. 자식이 많은데 무슨 걱정이냐고, 앞집 아지매하고 자장면도 사드시고 하고 싶은 거 다 하시라고 하자 '야가 지금 뭔 소리 하노' 하는 표정을 지으신다.

아마도 아버지가 병원에 계시던 때를 두고 그런 생각을 하신 것 같았다. 아버지는 쓰러지면서 의식을 잃고 병원에 실려 갔다. 그때는 오빠들이 병상을 지켰다. 치료와 관련된 결정을 하거나 병원 규정상 한 달마다 전원하는 과정에서 오빠들 간에 이견이 있었던 모양이었다. 엄마는 그 이견이 오로지 돈 때문이라고 오해하신 것 같았다. 십 년도 더 지난 일을 마음에 담아두셨나 보다.

엄마는 가난해서 당신이 힘든 것보다 자식들에게 아무것도 물려주지 못하는 형편을 한탄하고 미안해했다. 셋째 오빠를 돈 금고로 여기는 아버지를 보고 '참 염치없는 양반'이라고 했다. 엄마는 염치를 가난보다 더 중요하게 생각했다. 그러니 당신 노후에 쓸 병원비를 모으는 건 엄마로서 당연한 일인지도 몰랐다.

며칠 전에 식구들이 모인 자리에서 막내 오빠는, 지금까지 엄마가 돈 이야기를 꺼낸 적이 한 번도 없다며 놀라워했다. 우리가 주는 많지 않은 용돈을 모아 제사나 명절 비용을 충당하고 당신 생활비와 병원비, 손주들 용돈까지 주는 것이 도대체 가능한 일이냐고 했다. 엄마니까 가능했다. 자식들에게 부담 주지 않으려고 없으면 없는 대로 아끼고 아끼며 그렇게 사셨다.

엄마가 수술한 후, 자연스럽게 내가 주된 보호자가 되었다. 엄마가 본인의 생각이나 필요한 것을 말로 표현하지 못하는 상태에서 주중에는 요양사가, 주말에는 형제들이 교대로 돌보다 보니 하나의 소통 창구가 필요했다. 그 밖에도 엄마에게 필요한 물품과 식재료 구입, 형제들과 요양사의 중간 역할 등 할 일이 많다. 한 달마다 엄마를 모시고 병원에 가서 혈압약과 당뇨약을 타는 일, 자주 재발하는 요로감염에 대해 의사 선생님과 상담도 해야 했다. 이 모든 일을 잘하는 건 아니지만 누군가는 해야 할 일이다. 마음만 바쁘고 어수선했다. 게다가 치매약을 복용하면서부터 엄마는 종일 반수면 상태에 있었다. 식사하다가도 졸고 소파에 앉아서도 졸고 깨워놓고 돌아서면 다시 졸고 있다. 그런 엄마를 보고 있으면 나까지 무력감에 빠졌다.

하루는 식구들 양말 서랍이 텅 비어 있는 걸 보고 정신이 번쩍 들었다. 남편에게 왜 말하지 않았냐고 하자 장난스럽게 한쪽 발을 번쩍 들어 보이며 이 양말도 이틀 신은 건데, 하고 웃었다. 세탁기 돌릴 시간이 없는 게 아니라 마음의 여유가 없었다. 남편은 엄마에게만 집중하라고 했지만, 단기간에 끝날 일이 아니다. 엄마를 오래, 잘 돌보기 위해서도 내 식구가 불편하면 안 되는 거였다.

빨리 가려면 혼자 가고, 멀리 가려면 함께 가라는 아프리카 속담처럼 환자를 돌보는 일은 가족이 함께 노력해야 하는 일이다.

엄마는 이런 일이 있을 줄 알고 '우애'를 강조한 게 아닐까.

석양의 시간

 하지의 긴 해는 하루의 절반을 중천에서 내리쬐다가도 질 때는 한순간에 넘어간다. 지금 엄마는 석양의 시간을 지나고 있다. 거동이 불편한 구순의 노모를 지척에 두고 내 하고 싶은 일 다 하는 것은 사치일 것이다. 약속을 취소하거나 모임에 빠지는 횟수가 는다. 집안일도 뒷전이다. 여러 가지 일을 잘 해낼 자신이 없기에 엄마에게만 집중하기로 했는데 그마저도 쉽지 않다.

 엄마 소식을 들은 친구들로부터 전화가 온다. 본인도 그런 때가 있었다는 친구가 의외로 많다. 문화센터에서 만나 종종 소식을 주고받는 지인은 시모를 칠 년 동안 모셨는데 재작년에 돌아가셨다고 한다. 존경스럽다. 우리 나이가 나이인 만큼 나와 비슷한 처지에 있거나 이미 양가 부모님을 떠나보낸 친구들이다. 경험을 공유한다는 것은 그 자체로도 위로가 된다. 한 친구는 '가시고 난 뒤에 후회하지 않으려면 잘해 드리라' 하고 또 다른 친구는 '후회하지 않을 만큼 하라'고 한다. 도대체 후회하지 않을 만큼이란 얼마큼이며 어떻게 해야 후회하지 않을까.

핑계가 엄마고 친정이니 어떤 친구는 자식이 너뿐이냐고 한다. 천만의 말씀이다. 위로 듬직한 오빠가 넷이나 있고 어질고 착한 올케언니들도 있다. 엄마라면 끔찍이 생각하는 언니와 형부도 있다. 나는 지금도 엄마와의 스킨십이 어색한데 언니는 전화 목소리에서도 정이 철철 넘친다. 아무렴 엄마를 위하고 챙기는 마음은 언니 오빠들을 따라갈 수가 없다. 다만 내가 막내인 데다 좀 더 시간적 여유가 있고 친정집과 거리도 가까워 오가기가 수월하다. 엄마한테는 아무래도 딸이 편하고 만만한지라 자주 가게 된다.

　그런데 자주 가는 사람 눈에는 가끔 오는 사람들이 보지 못하는 것이 보인다. 가끔 오는 사람들은 만남 자체가 반가워서 좋은 모습만 보게 된다. 반면 자주 가면 함께 있어도 무료하고 옆에 있어도 존재감은 없지만, 평소에 보지 못한 모습을 포착하게 된다. 먼 곳을 응시하며 쓸쓸하게 앉아 있는 모습이라든지, 해 질 무렵이면 뭔지 모르게 불안해하며 평소에 하지 않던 행동이 보인다. 다시는 빛의 세상으로 돌아올 것 같지 않은 모습이 눈에 밟혀 다음 날, 그다음 날도 가게 된다.

　나는 가끔 엄마를 대하는 내 태도가 자식 된 도리나 의무감 때문은 아닐까, 하고 생각할 때가 있다. 사랑 없는 의무감은 건조하고 의무감이 없는 사랑은 이벤트에 불과할지 모른다. 내일을 장담할 수 없는 노인의 하루하루는 저녁노을처럼 애잔하다. 육신은 물론 정신마저 흐려져 가는 엄마에게는 사랑도 필요하고 의무감도 필요하다. 오히려 다른 사람 눈에 보이지 않는 것을 내가 볼 수 있으니 감사한 일이다. 그것이 훗날 덜 후회하는 방법이라고 생각하면 지금 엄마와 함께하는 이 시간이 어쩔 수 없이 해야 하는 의무가 아니라 나에게만 주어진 특별한 기회일지 모른다.

석양의 시간은 짧다. 눈 깜짝할 사이에 사라질 수 있기 때문이다. 그 쓸쓸한 뒷모습도 볼 수 없는 날이 언젠가는 도래할 것이다. 마지막까지 엄마 곁을 지키며 후회하지 않을 이별을 준비해야 할 것이다.

혼자 사는 할마씨

요양사가 퇴근하는 시간에 맞춰 친정에 간다. 집 앞에 웬

자가용이 줄지어 있다. 대문이 활짝 열린 걸 보아 손님이 왔나 보다. 뽀글뽀글한 파마머리에 꽃무늬 일색의 아주머니들이 마루에 소복하다. 꽃 무더기 같다.

"아지매들 오셨어예."

"막내이 며느리가?"

"어데, 우리 막내딸 아이가."

"그카고 보이 엄마 닮았네."

경로당 다녀오는 길에 들렀다고 한다. 엄마도 수술하기 전에는 경로당 출입을 하셨는데, 이제는 모셔드린다고 해도 마다신다. 냉동실에서 절편을 꺼내 해동시키고 매실차도 미지근하게 타서 내왔다. 경로당에서 배불리 먹고 왔다고 손사래 치던 아지매들이 그럼 맛이나 보자며 다가앉는다.

떡을 집는 손이 하나같이 닮았다. 손가락이 굽어서 갈퀴 같다. 마디마다 뼈가 불거지고 어긋나 있다. 성한 손이라곤 없다. 지지리도 가난했던 시절, 몸으로 버티고 손을 연장 삼아 살아냈을 것이다. 낫질하다가 베이는 건 다반사였다. 어디에 찍혔는지도 모르게 찍히고 불에 데고 동지섣달 빨래하며 얼다 녹기를 반복했을 것이다. 상처가 나도 아파할 새 없이 된장 발라 천 쪼가리 질끈 묶어 놓으면 낫다가 덧나다가 시간이 가면 상처가 저절로 아물었다. 고추같이 매운 시집살이, 농사일도 시시한 남정네 두세 몫은 거뜬히 해냈다. 그래도 공치사는 늘 가장에게 돌아갔다.

가끔 엄마한테 그 세월을 어떻게 사셨냐고 물어보면 그때는 그런 세상이었다고 했다. 세상을 원망하거나 체념하며 살아온 기색은 없다. 주어진 환경에 적응하며 살기 위해 살아온 것이다. 사는 것 자체가 목적이었을 테다. 삶의 질을 따지는 건 사치였을 시대를 살았다.

"나는 요새 정신 빼놓고 댕긴다. 어제 콩밭에 지심 맬라꼬 갔는데 가서 보이 호미도 없이 빈손으로 안 왔나."

"그래가 우엣노."

"우야기는. 손으로 대강 뽑아놓고 왔지, 아즉도 손톱 밑이 아리네."

"그래도 민장댁은 낫다. 나는 요새 자슥들 이름도 생각 안 난다. 인자 등시 다 됐다."

"그카이 생각나네. 저 누고…. 거 안 있나 와, 작년에 영감 죽고 혼자 사는 할마씨…."

"아! 한복집 말이가."

"하 맞다. 그 할마씨도 언제부터 정신없다 카디만 치매란다."

"큰일이다. 저기 예배당 밑에 혼자 사는 할마씨도 어디가 아픈지 큰아들이 와서 델꼬 갔단다."

엄마도 앞집 아지매도, 그 연세면 열에 아홉은 혼자 사는 할머닌데 손짓만 보고도 척척 알아맞히다니, 우습다가도 짠하다.

"벌씨로 어두버지네."

"고마 일어나자."

"머가 바쁘노, 밥 달라는 영감이 있나 자슥이 있나."

"그래도 가야제, 강새이 밥도 줘야 되고."

유모차를 밀고 어둠 속으로 사라지는 노인들, 코끝이 찡하다.

엄마가 수상쩍다

지금 시골은 가을 추수가 한창이다. 동네가 텅 비었다. 휠체어에 엄마를 태우고 집을 나선다. 대문 소리에 놀랐는지

인기척이 반가운지 앞집 개가 왈왈 짖어 댄다. 오후의 나른한 햇살이 놀라 뒤로 성큼 물러선다.

마트나 다녀올까. 휠체어를 밀고 삼거리 오르막에 다다랐을 때 휘적휘적 앞서가는 유모차 한 대가 보인다. 외숙모다.

"숙모! 외숙모!"

몇 번을 부르며 뒤따라가자 그제야 우리를 돌아보고는 멈춰 선다. 얼굴이 벌겋게 달아 있고 털신은 반이 벗겨져 있다.

"외숙모 왜 그래, 무슨 일 있어요?"

"너거 외삼촌이 종일 물도 한 모금 안 삼키고 누워 있다 아이가. 마실 거라도 사려고 온 동네를 댕기도 점방이 안 비네."

조금만 더 가면 점방이 있으니 같이 가자고 외숙모를 달래서 마트로 간다. 두유 한 상자를 외숙모 유모차에 실어서 먼저 보내고 우리도 저녁 찬거리를 사서 집으로 왔다. 엄마를 부축해 방안으로 들이고 한숨 돌리는 사이 외숙모가 다시 왔다.

"외삼촌은 좀 어떠세요, 두유 드렸어요?"

"……."

좀 전의 일은 까맣게 잊고 헤벌쭉 웃는 모습이 천진난만

한 아이 같다. 오래전에 돌아가신 외삼촌의 환영幻影에 시달리는 외숙모는 엄마의 큰올케이자 마지막 친정붙이다. 꽃다운 나이에 시집와서 막내 시누이인 엄마와는 칠십 년 넘게 한동네에서 살고 있다. 세월 흘러 어른들 다 세상 떠나고 자식들은 출가해서 엄마나 외숙모나 독거노인 신세가 된 지도 오래다. 두 분 성정이 살갑지 못해 티격태격할 때도 있지만 나물 한 가지도 나누며 만추의 빈 들판 같은 여생을 함께 보내고 있다.

한때 부농이었던 외갓집은 큰외삼촌이 술과 노름으로 가산을 탕진하고 돌아가시면서 가세가 기울었다. 장남인 외사촌 오빠마저 세상을 떠나자 외숙모의 삶도 기울었다. 다행히 세 딸이 있고 효심도 지극하지만 결혼해서 먼 타지에 사는 터라 자주 들여다보지 못해 안타까워했다.

지난해 망백을 넘긴 외숙모는 넉넉한 품에 말수가 적고 지금도 수줍음이 많다. 치매증세가 있긴 하지만 육신은 건강한 편이다. 아침에 요양사가 와서 하루치 식사며 청소를 해놓고 가지만 입성은 추레하고 드시는 것도 시원찮다. 그래도 외숙모는 씩씩하다. 더우나 추우나 유모차를 밀고 온 동네를 다닌다. 한 자리에 지긋하게 앉아 있질 못한다. 그것도 일종의 병증인가 싶지만 걷기 덕에 치매가 더 이상 심해지지 않는 것 같아 다행으로 여긴다.

　엄마는 아침이면 출근하듯이 마루에 나와 소파에서 하루를 보낸다. 보조기에 의지해 겨우 화장실 출입만 가능하다. 자식들 집이 지척에 있어도 마음뿐이다. 엄마는 갈 곳이 있어도 갈 수가 없고, 외숙모는 갈 수는 있어도 딱히 갈 곳이 없다. 외숙모는 하루에도 몇 번씩 친정집에 온다. 온종일 대문만 바라보고 있는 엄마 얼굴에 화색이 돈다.

"히야 오나."

"하, 밥 뭇나? 내는 마실 한 바쿠 돌고 오는 길이다."

　허수아비처럼 한 자리에 붙박여 지내는 엄마에게 외숙모는 바깥소식을 물고 오는 참새 같은 존재다. 들판에 나락이 얼마나 익었는지 오늘은 경로당에 누가 왔는지, 고령 댁, 면장 댁 손가락 꼽을라치면 엄마 입가에도 미소가 번진다. 멀쩡히 살아있는 이웃 어른을 황천길로 보낼 때도 있다. 오래된 기억과 최근의 기억이 뒤섞여 오류를 일으키기 때문이다. 그러다 옛 시절 이야기가 나오면 또 티격태격한다. 서로가 기억하는 퍼즐이 맞지 않아서다.

　노인성 우울증세를 보이는 엄마도 요즘 들어 수상쩍다.

저녁때가 되면 쌀을 찾아 싱크대며 냉장고를 뒤진다. 불안해진 마음이 바퀴 달린 다리를 앞서간다. 식구들이 올 시간이니 밥을 해야 한다며 보이는 대로 바가지에 퍼서 물에 담가 놓으니 냉장고에 불린 쌀이 쌓인다.

엄마 모르게 쌀자루를 숨기려다 울컥 목이 멘다. 해 질 무렵이면 치매 노인들이 더 혼란스러워지고 불안해하며 망상에 빠진다는 '석양 증후군'. 하고많은 기억 중에 엄마는 왜 하필 밥걱정일까. 지겹지도 않으신가.

남편을 위해 마실 것을 사러 나서는 외숙모, 식구들 먹일 저녁밥을 하려는 엄마. 힘겨운 삶이었어도 그때가 가장 행복한 순간이었을지 모른다. 석양은 이미 헤어날 수 없는 어둠을 머금었는데, 저물어 가는 삶 앞에서 바라보는 저녁노을이 낯설고도 애잔하다.

저녁답

해거름에 외숙모가 올라오셨다. 하루에 몇 번도 오시지

만 그 시간에는 흔치 않은 일이다. 외숙모나 엄마는 해가 뉘 엿뉘엿 넘어가면 하루가 다 끝난 줄 안다. '일찌감치 저녁 해 먹고 내 집에 들어앉아 있는 걸 최고의 행복'으로 여긴다. 그런 분위기는 시골의 다른 집들도 마찬가지다. 밤 아홉 시면 온 동네가 깜깜하다. 퇴근 인파와 차들로 거리가 북적이고, 야간영업을 하는 가게들로 불야성을 이루는 도회지와는 다른 풍경이다.

낮에는 고된 농사일을 하고 밤이면 일찍 잠자리에 드는 농경시대의 생활 습관이 몸에 밴 이유도 있겠지만, 부녀자의 경우 저녁 설거지를 마쳐야 비로소 일과가 끝나는 셈이다. 어린 자식 투정 한번 받아 줄 새도 없이 농사일 집안일 하다가 지친 몸을 이끌고 방으로 들어온다. 미안한 마음에 잠든 아이들 머리 쓰다듬으며 지아비 옆에 몸을 뉘는 그 시간이 아내와 엄마로서 가장 행복한 시간이 아니었을까.

시골은 해가 지고 난 후보다 해지기 직전이 더 쓸쓸하다. 나는 삼십여 분 거리의 친정에 와 있는데도 먼 곳을 떠돌다 온 이방인 같은 감상에 젖곤 한다. 아무도 찾아올 이 없는 삽짝으로 공연히 눈길이 간다.

저녁 쌀을 씻어 안쳐놓고 나오니 두 노인이 정물처럼 앉아 어둠이 내리는 마당을 응시하고 있다.

"시집와서 얼마 안 있다가 무다이 무릎이 아픈 기라. 친정에서는 그지 집안일만 하다가 시집이라고 와보니 얼마나 일이 많던동, 농사 일하랴, 삼시세끼 불 때서 밥하랴, 밤이면 무릎이 퉁퉁 붓고 아파서 잠을 잘 수가 있어야지. 남몰래 울기도 마이 울었는데…"

내가 외삼촌한테 이야기하지 그랬느냐고 하자, 외숙모는 지난 이야기를 늘어놓는다.

"왜 그런지 그때는 신랑도 어렵대. 말하고 싶지도 않았고. 마침 옆집에 내 또래 되는 색시가 시집을 왔어. 성주가 친정인데 부친이 한의원을 한다고 하대. 업혀서 온 사람도 며칠 묵으면서 침 맞으면 두 발로 걸어간다는데. 눈이 번쩍 뜨이더라마는 내사 언감생심 꿈도 안 꿨어. 그런데 아부지가 우째 아시고 여비까지 쥐여주며 걱정 말고 다녀오라고 안 하시나. 그해 가실 해놓고 새댁을 따라갔는데 참말로 용하긴 용하대. 그 다리가 지금까지 이래 멀쩡하이 희안하제. 그러구러 시집으로 돌아갈 날은 다가오는데 시어무이 볼 생각하니 잠이 안 오는 기라. 머라고는 안 했는데 시어무이가 나는 무섭대. 그렇다고 시집에 안 갈 수는 없으니 아침 일찍

이 준비해서 새댁을 기다리고 있었제. 아, 그런데 아부지가 허연 두루마기를 입고 논두렁을 걸어 오시지 않겠나. 새댁은 태기가 있어서 못 온다면서. 어찌나 반갑고 눈물이 나던동…. 그 은공을 갚지도 못했는데 고마 저세상 가셨다."

외숙모는 치매가 있어 자주 망상에 빠진다. 쌀이 떨어졌다고 이웃에 얻으러 가고 매일 오는 요양사도 온 적 없다고 펄쩍 뛴다. 오래전에 돌아가신 시어머니와 남편이 안방에 와 있다고 불안해한다. 이웃 사람들은 외숙모가 치매란 걸 알기에 건성으로 대답만 하고 귀담아들으려 하지 않는다. 나는 이 이야기를 세 번째 듣는다. 들으면서도 토씨 하나 틀리지 않는 것이 놀라웠다. 시아버지를 아버지라고 하는 것도 여전했다. 얼마나 고맙고 그리웠으면 아버지로 기억하나 싶어서 바로잡지 않았다. 그 점을 엄마가 용케 알고 서로 자기 아버지라고 두 분이 언성을 높여서 한바탕 웃긴 했지만.

평생 가족을 위해 고생했지만 누구도 알아주지 않는 삶, 그런 외숙모에게 시아버지는 자신의 존재를 알아주고 공감해 준 유일한 사람이었는지 모른다. 그러니 정신이 혼란스러운 상태에서도 시아버지에 대한 기억은 구체적이며 일관적이다.

어른들 모두 세상 떠나고 외숙모와 엄마만 남게 되었을 때, 남은 자의 삶이 너무 쓸쓸해 보일 때, 나는 두 분이야말로 진정한 승리자라고 추켜세웠다. 가문을 지킨 것은 술에 취해 큰소리치고 노름판을 기웃거리다가 무책임하게 가버린 가장들이 아니라 바로 두 분이라고.

들일을 마치고 돌아오는지 경운기 한 대가 탈탈거리며 지나간다. 뒷집에서 대문 닫아거는 소리가 들린다. 길은 적막에 휩싸인다. 가장은 연장을 처마 밑으로 들이고 아낙은 저녁밥을 짓느라 집안에서 종종거린다. 온종일 밭으로 이웃으로 마실 다니던 앞집 아지매도 이 시간에는 집 밖으로 나오지 않는다. 바지랑대를 내려 빨래를 걷거나 뒷짐 지고 서성거릴 뿐이다. 며느리가 마당을 향해 "어머니 저녁 드시러 오세요." 하면 "오냐" 하고는 머릿수건을 벗어 옷을 툭툭 털면서 안채로 든다. 사방에 어둠이 내리고 연극이 끝난 무대처럼 하루가 저문다.

외숙모에게 저녁 잡숫고 모셔다드릴 테니 천천히 노시라 하고 접시에 귤을 담아 내왔다. 껍질을 까서 외숙모에게 드렸더니 엄마 먼저 주라 하고 엄마는 외숙모 먼저 먹으라고 손을 젓는다. 귤 하나도 언뜻 짚지 못하는 두 노인의 여린

심성이 못마땅해서 "내가 먹어 버릴까" 하자 그제야 외숙모가 받아 잡숫는다.

"내가 어릴 때 역시 잘 묵었던 모양이라. 큰 오라비가 나만 보면 묵돌아, 우리 묵돌이, 하고 불러샀어. 밖에서 사탕 하날 얻어도 주머니에 꼭 넣어 와서는 묵돌아 사탕 줄게 이리 와, 했는데. 오라비는 지금 어디 살고 있는지 몰라…"

외숙모의 이 스토리는 하도 들어서 외워도 외운다. 그리운 사람들은 죽고 없지만 기억에 살아있는 한 죽어도 죽은 것이 아니다.

그나저나 외숙모는 왜 저녁답에 올라오셔서 이 저녁을 더욱 쓸쓸하게 하는지.

엄마의 그림책 만들기

한동안 가지 못한 서울을 다녀왔다. 큰아들 집에서 하룻밤 자고 왔는데 대구 공기가 심상찮았다. 내가 집에 온 걸 알고 작은아들이 외출 삼가고 조심하라며 전화했다. 다음

날 아침 뉴스에 동네 마트가 문을 닫았다는 보도가 떴다. 밤 사이 확진자가 다녀갔다는 것이다. 코로나19라는 전대미문의 바이러스가 화선지에 물감 번지듯 순식간에 세계지도를 붉게 물들였다.

시골이라고 예외가 아니었다. 코로나바이러스는 노인들에게 더 치명적이라니 할 수 없이 친정집 대문을 걸어 잠갔다. 구십 연세에 기저질환이 있는 엄마는 바이러스가 근처에만 와도 위험하기 때문이다. 내 집처럼 드나들던 이웃의 발걸음이 끊어졌다. 영문을 모르는 외숙모와 앞집 아지매가 이따금 다녀갔다.

집안에 갇혀 적적해할 엄마를 위해서 가는데 내가 숨통이 트인다. 나 역시 집안에서만 지내다 보니 왕복 한 시간 거리의 친정 오가는 길이 유일한 숨구멍이다.

어수선한 시절에도 어김없이 계절은 돌아와 가지마다 싹을 틔운다. 코로나의 역설인가. 비행기 운행이 줄고 공장이 가동을 멈추자 하늘이 맑아지고 눈 부신 햇살이 구름 사이로 드러났다. 친정과 가까운 기세리에는 만개한 벚꽃이 장관이다. 해마다 벚꽃축제가 열려 인산인해였는데 올해는 코로나 때문에 취소되었다. 얼른 엄마를 모시고 와서 꽃구경

할 생각 하니 내 마음도 부풀었다.

 엄마 반응이 영 시원찮다. 꽃구경 가자고 해도 싫다, 신나는 음악을 들려줘도 됐다, 뭐든지 싫다 됐다고만 한다. 정말 내키지 않아서 그러는 건지 미안해서 그러는 건지 모르겠다. 먹고 싶은 것, 가고 싶은 곳도 무조건 없다고 하니 나까지 힘이 빠진다.

 생전에 아버지는 자식들에게 요구하는 게 많았다. 철 따라 옷에서부터 신발 모자 따위를 갖추어 놓고 멋을 부렸다. 차려입고 나가면 삼거리가 환했다. 노년에는 오토바이를 사겠다고 하셔서 식구들이 걱정하여 말렸다. 결국엔 오토바이를 샀고 우려했던 대로 밤중에 귀가하다가 사고가 났다. 모내기를 앞둔 무논에 미끄러졌기에 망정이지 차도에서 넘어지거나 건물에 부딪혔더라면 큰 사고로 이어질 뻔했다. 그 후 오토바이도 싫증이 났는지 처마 밑에 자리만 차지하고 있었다. 바깥출입을 거의 안 하시던 어느 해 여름에는 노래가 듣고 싶다고 하셔서 나훈아, 이미자 노래가 담긴 테이프와 카세트 라디오를 사 갔다. 마루 선반 위에 올려놓고 적적한 시간을 달래는 아버지를 보면 사드리길 잘했다는 생각이 들었다. 당신이 노래를 좋아해서라기보다 집안에 노래가 잔잔하게 흐르는 그런 분위기를 좋아하셨던 것 같다.

아버지는 당신 하고 싶은 것 다 하셨는데 엄만 무슨 낙으로 살았을까. 하긴 상전 같은 아버지 수발에 육 남매 먹이고 입히기도 바빴을 것이다. 그래도 나는 답답하다. '찔레꽃' 한 소절도 부를 줄 모른다. 민화투도 칠 줄 몰라서 경로당에 가면 뒷전에서 구경만 하다가 온다. 도대체 무슨 재미로 살까. 차라리 아버지처럼 요구하는 게 있으면 자식들 마음이 편하겠다.

"이쁘다." 엄마가 내 전화기를 쳐다보더니 한마디 툭 던진다. 그러고 보니 내가 전화기를 여닫을 때마다 엄마 시선이 전화기를 따라다녔다. 화면에 띄워놓은 내 사진을 본 모양이다. 젊어서 예쁘다는 말인지, 내가 정말 예쁘다는 말인지는 물어보지 않았다. 다른 사진도 찾아서 보여드렸더니 눈을 떼지 못한다. 이참에 정리하려고 앨범과 서랍에 있는 사진을 모두 꺼내서 방바닥에 널어놓았다. 엄마도 지난 시절이 그리운가 보다. 몸을 숙이고 찬찬히 들여다본다. 그때의 꿈과 사랑, 그리고 정든 이들을 잃어버린 상실의 아픔이 일어서인지도 모른다.

부모님의 회갑과 칠순 잔치, 형제들 결혼사진과 낯은 익지만 오래도록 만나지 못한 친척들, 고인이 된 동네 어른들 사진이 수북하다. 아버지가 이장을 할 때 동네 사람들과 하천 부역하며 찍은 사진과 예전의 마을 전경은 마을 변천사를 보여준다. 외숙모와 이모, 엄마가 젊었을 때 찍은 흑백사진은 아버지 유품 정리할 때 발견하고 한 장 보관하고 있다. 뒤에 보이는 아름드리나무에 잎이 무성하지 않은 걸 보아 모내기를 앞두고 나들이를 가신 모양이다. 외숙모와 이모는 한복차림이고 엄마는 잔잔한 무늬가 있는 원피스에 단화를 신었다. 엄마도 이렇게 젊고 예쁜 시절이 있었구나. 몸빼 바지에 늘어난 셔츠 차림만 봐서 그저 편한 옷만 좋아하는 줄 알았다. 엄마는 처음부터 엄마인 줄 알았다.

  중복되는 사진은 제외하고 화면이 선명하고 추억거리가 될 만한 사진만 추려내었다. 다음 날 작은 앨범을 사 와서 넣었더니 엄마 손에 딱 맞는 그림책이 되었다. 엄마와 사진 속의 얼굴을 손가락으로 짚으며 누군지 알아맞히기를 한다. 아들 순서가 바뀌고 손자를 아들로 혼동하지만, 큰오빠는 단번에 알아맞힌다. 맏이를 생각하는 마음은 어쩔 수 없나 보다.

배롱나무의 위안

 형부가 배롱나무 두 그루를 트럭에 싣고 왔다. 봉화에 사는 지인에게 막걸리 한잔 받아 주고 가져온 거라고 했다. 엄마가 꽃 좋아하는 걸 아니까 웃돈을 주고라도 사 왔을 것이다. 키가 3미터쯤 될까, 미끈한 줄기에 초록 이파리를 매단 가지들이 방금 이발하고 온 청년처럼 단정하다. 집 안에서도 잘 보이도록 대문 옆 잔디밭에 심었다.

 포를 뜨듯 잔디를 걷어내고 구덩이를 파는 형부 이마에 땀이 송골송골 맺힌다. 지난 주말에도 토마토와 고추 모종을 가져와서 마당 텃밭에 심었다. 엄마가 거동이 어려워진 후로 방치한 텃밭이 부지런한 형부 손길에 활기를 되찾았다. 파놓은 구덩이에 조심스럽게 나무를 앉히고는 둘레를 도톰하게 쌓아 올린 다음 떠 놓은 잔디를 덮어 마무리하는 솜씨가 전문가 못지않다.

 엄마 말처럼 참 좋다. 마루에 앉아서도 잘 보이고 밖에서도 담장 위로 가지가 보여서 운치가 있다. 꽃이 피면 골목이 환할 것이다. 이제 여기가 네 집이니 다리 뻗고 편히 쉬어라며 정성 들여 물을 주었다. 나무는 낯선 곳으로 전학 온 학생처럼 불안해 보이다가도 어떤 날은 친정집을 지키는 수문장처럼 든든해 보였다. 나무 두 그루만 있어도 집이 꽉 차는 것 같은데 그동안 엄마는 얼마나 적적했을까.

엄마는 꽃을 좋아하고 가꾸기도 잘했다. 마당 한쪽에 텃밭을 만들어 채소를 심고 남은 자리에는 꽃을 심었다. 언젠가 친정 가는 길에 소담스럽게 핀 국화 분을 사 갔는데, 뜰에 두고 즐겨보다가 소설이 지나 시들해지자 텃밭에 옮겨 심었다. 괜한 수고를 한다고 말렸는데 밤낮으로 비닐을 덮고 벗기며 돌보더니 다음 해 가을에 꽃을 피우게 했다. 내 손에 오면 일회성에 그치는 꽃이 엄마 손에 가면 몇 해씩 꽃을 피웠다.

예전에 친정집에는 우물가에 감나무와 큰 측백나무가 있고 측백나무 옆에는 제법 둥치 굵은 여주 나무도 있었다. 여리여리한 여주 줄기가 짙푸른 측백나무를 타고 올라가는 모습이 마치 부모님이라는 울타리에 의지하고 사는 우리 육남매 같았다. 엄마는 우물가에서 나물을 씻고 아버지는 우리를 불러내서 측백나무에 세워놓고 키를 재게 하였다. 여주 열매가 발갛게 익어 쩍쩍 벌어지면 싸우지 말고 먹으라며 아버지가 똑같이 나누어주었다. 행복했던 그런 시절이 있었다. 가족의 소중한 추억과 형제들의 성장기록이 새겨진 나무는 마을에 상수도가 들어오고 새로 담을 쌓으면서 베어지고 없다. 감나무는 동네 어디서나 흔하게 볼 수 있지만 유년 시절의 추억이 담긴 측백나무가 없다는 건 지금도 아쉽다.

친정을 오가면서 큰 나무가 있는 집에 자꾸 눈길이 간다. 듬직해 보일 뿐만 아니라 뭔가 특별해 보인다. 예전에는 집집마다 나무 한두 그루는 있었고 택호도 대추나무집이나 감나무 집, 큰 나무집 같은 정겨운 이름으로 불렸다. 나무가 우연히 거기에 있었든, 어떤 기념을 위해 심었든, 어디 허투루 심어진 인연이 있을까. 집안의 내력이 깃든, 모진 비바람에도 꽃을 피우고 꿋꿋이 자라는 나무가 있다면 살아가는 동안에 큰 위로가 되리라.

먼 봉화에서 친정집으로 온 배롱나무도 엄마의 노년을 지키며 웅숭깊은 나무로 자랄 것이다. 우리와의 인연이 다하더라도 또 다른 인연을 만나 먼 훗날 '배롱나무 집'으로 불릴지도 모를 일이다.

꽃은 내년에나 볼 수 있겠다고 기대하지 않았는데 어느

날 보니 가지에 몽글몽글한 것이 달려있다. 무지한 나는 그것이 잎이 되는 과정인 줄 알았다. 엄마가 꽃봉오리라고 하기에 가까이 가서 까치발을 하고 보았다. 연분홍빛이 도는 꽃망울이 포도송이처럼 맺혀있다. 아! 노모의 남은 생을 생각하니 저도 마음이 바빴나 보다. 낯선 곳에 와서 적응할 새도 없이 꽃 피울 생각을 하다니, 기특하고 고맙다. 한 나무에서 꽃망울이 터지기 시작하자 옆 나무도 질세라 더 많은 꽃망울이 달렸다. 그렇게 며칠간의 시차를 두고 연분홍, 진분홍 꽃이 집 안팎을 환하게 밝혔다.

한여름에 피어 더위에 지친 이들을 위로해 주는 저 꽃을 화무십일홍에 비할까. 하나가 지면 다른 하나가 피고 떨어지면 또 다른 꽃망울이 부풀어 올라 꽃을 피운다. 휠체어에 엄마를 앉혀서 나무 가까이에 두면 예쁘다 곱다, 하며 한참을 바라본다. 노모의 백발 위로 우수수 꽃잎이 내려앉는다. 고생했다고, 잘 살았다고 토닥토닥 위로하는 것 같다. 당신에게 주어진 수많은 인연의 꽃을 피우고 이제 생의 끝자락에 선 엄마가 또 한 그루의 배롱나무 같다.

전화기 코드까지 빼놓고

지금 엄마는 노쇠한 육신으로 하루하루를 산다. 정신은 수명이 다한 전구처럼 깜빡거린다. 젊은 사람도 견디기 힘든 무더운 날씨에 선풍기 코드를 빼놓고 있으니 여간 걱정이 아니다. 요양사는 아무리 이야기해도 소용없다며 절약이 몸에 밴 어르신이라고 한다. 아낄 게 따로 있지, 외부로 연락할 수 있는 전화기 코드마저 빠져 있으니 더 문제다. 엄마 혼자 있을 때는 전화선이 생명 줄이나 마찬가지다. 갑작스러운 응급상황이 발생하면 1분 1초가 생명을 다투는 일이 될 수 있다.

"엄마 이거 자꾸 꽂았다 뺐다 하면 고장 나. 텔레비전은 리모컨 요기 빨간데 눌러서 끄고 선풍기는 그냥 발로 누르기만 하면 돼요."

가르쳐줘도 그때뿐이다. 어제도 친정에 갔더니 코드가 죄다 빠져 있었다. 답답한 마음에 버럭 성을 내다 말고 문득 엄마가 그렇게 하는 다른 이유가 있을 거라는 생각이 스쳤다. 리모컨이 늘 두던 엄마 옆에 있지 않고 선풍기는 올여름에 새로 산 것이라 끄는 법을 몰랐을 수 있다. 포스트 코로나 시대에 맞춰 출시한 신제품이라는데, 발로 밟으면 끌 수 있게 되어있다. 양손으로 보조기를 잡아야 하는 엄마가 사용하기에 편리할 것 같아서 선뜻 구매했었다. 그런데 웬 못 보던 선풍기에 난데없이 발 모양까지 그려져 있으니 혼란스러웠을 것이다.

  텔레비전은 항상 켜 두는 편이고, 요양사나 내가 집을 나설 때는 선풍기와 에어컨을 약하게 해서 시간 예약을 해 둔다. 시간 되면 자동으로 멈추니 걱정하지 마시라고 누차 일러두지만 혼자 조용히 있다가 보면 눈앞에서 윙윙거리며 돌아가는 그것들이 돈 먹는 하마처럼 보였을 것이다. 얼른 꺼야 하는데 방법이 생각나지 않으니 코드를 뽑았을 것이다. 그렇다면 가만있는 전화기 코드는 왜 뽑았을까. 아마도 에어컨 코드와 나란히 꽂혀 있어서 어느 게 어느 것인지 분간할 수 없어 무조건 다 뽑았을 것이다.

  왜 차분히 생각해 보지도 않고 성부터 냈을까. 떠나고 나면 그조차도 가슴 치고 후회할 것을.

다시 돌아온 길

 친정집을 나서면 대략 일곱 시, 아직도 밖은 훤하다. 엄마에게 양치하라 재촉하고 잠자리 봐두고 창문 단속할 동안에도 여름 긴긴 해는 감나무 끝에 걸려 넘어갈 줄 모른다. 퇴근해 올 식구들 저녁 하려면 지금 나서야 하는데…. 종종거리며 '나 간대이' 해도 소파에 앉은 엄마는 반응이 없다. 엄마 나 이제 진짜 간다, 하고 '드르륵' 현관문을 열면 그제야 몸을 일으켜 보조기를 밀고 창가로 걸어온다.

 발걸음이 떨어지지 않아 뒤돌아보고 손 흔들다가도, '찰칵' 대문 잠기는 소리에 어떤 해방감을 느낀다. 앞집 아지매가 볼까 봐 빠른 걸음으로 차가 있는 공터로 향한다. 볼 때마다 "벌써 가나" 하고 나무라던 말이 마음에 걸린다. 제 갈 길 바쁘다고 늙고 병든 엄마 홀로 두고 가는 못된 딸이라 생각하지 않을까. 엄만 아직도 창가에 서 있을까. 밀려오는 어둠을 등지고 '어여 가라'고 손 흔드는 모습이 발길을 잡지만 가야 한다. 뒤돌아보는 순간 돌이 되고 마는 전설처럼 앞만 보고 가야 한다.

 공터에 세워둔 차를 돌려서 가면 큰 길이 금방이지만 곧장 직진한다. 집 앞을 지나칠 용기가 나지 않는다. 굳게 닫힌 대문을 보면 다시 문을 열고 들어가서 엄마가 안전하게 방에 들어갔는지 확인해야 할 것 같아서다. 구불구불한 고샅길을 빠져나와 큰길에 이른다. 저만치 이팝나무 가로수 길이 나타난다. 차창을 내려 후덥지근한 공기를 내보낸다.

사거리 오른쪽에 약방이 보인다. 삼동에서 유일한 약방이었다. 아버지와 연배인 아저씨는 내가 심부름을 가면 능숙한 솜씨로 약을 지어주며 "아부지 잘 계시나" 하고 묻곤 했다. 아버지 장례를 치르고 식구들 피로회복제를 사러 갔을 때는 "참 대단한 양반이었는데" 하며 말끝을 흐렸다.

뭐가 대단하다는 걸까. 남들에게는 호인이었던 아버지, 남의 일에는 발 벗고 나서는 분이 식구들에게는 왜 그리도 무심했을까. 가족이 아닌 제삼자의 눈에 비친 아버지는 어떤 분이었을까. 살아서 '대단한 양반'이 갈 때는 말 한마디 못하고 가셨으니 애달프고 허망했다. 보릿고개 근근이 넘던 60, 70년대에도 약방은 자식들을 외국으로 유학 보낼 만큼 부자였는데, 지금은 폐가가 되어 자리만 지키고 있다. 세월의 무상함이 낡은 지붕 위에 덕지덕지 내려앉았다.

조금 더 올라가면 친구네 구멍가게가 있고 그다음에는 교회가 나온다. 학교 가는 길에 있는 구멍가게는 늘 아이들로 북적거렸다. 참새가 방앗간을 그냥 지나치랴. 처음 보는 색색의 사탕과 과자는 보기만 해도 군침이 돌았다. 책가방을 길바닥에 던져놓은 채, 방금 사서 나온 딱지나 구슬을 걸고 따먹기 하는 사내아이들도 있었다. 씩씩거리며 내기하는 그 주위로 흙먼지가 뿌옇게 일었다. 물건 사는 아이보다 구경하는 아이들이 더 많아서 친구 엄마가 참새 쫓듯 훠이 내쫓을 때도 있었다. 아버지가 부면장이었던 친구네는 독실한 기독교 집안이었다. 단짝 친구인 그 애를 따라 교회에 다녔던 때가 초등학교 이삼 학년이었다. 풍금을 잘 쳤던 그 친구는 지금은 어디에서 어떻게 살고 있을까.

다음은 모교인 초등학교다. 마냥 웃고 마냥 뛰어놀고 큰 소리로 책 읽던 똘똘했던 아이…. 다시는 돌아갈 수 없는, 반짝반짝 빛나던 시절이 그때였을 것이다. 예전에는 교회에서 학교까지 들판이었는데 지금은 아파트와 공장이 들어서 옛 정취가 사라졌다. 지각할까 봐 숨차게 달려도 멀기만 했던 길이 지금은 왜 이렇게 가깝게 느껴지는지. 버스가 내려오는 바람에 교문 앞에 차를 세웠다. 맞은 편, 육칠백 명의 학생이 드나들던 문방구 두 곳은 사라지고 대신 카센터가 들어서 있다. 아이들의 왁자한 음성이, 운동장에서 뛰어놀던 친구들의 함성이 들려오는 것 같다.

길게 뻗은 국도가 눈에 들어온다. 신의주와 마산을 연결하는 도로다. 어렸을 때는 그 길을 신작로라고 불렀다. 마을까지 제법 거리가 있고 주변이 야산과 논밭이라 밤늦게 귀가하는 자녀를 마중 나가는 집이 많았다. 꼭 그런 이유가 아니어도 여남은 살의 계집아이는 갈 수 없는 곳, 가야 할 이유도 없지만 허락되지 않는 금지선이었다. 그런데도 나는 그곳이, 아니 그 너머의 세상이 궁금했다.

그날도 오늘처럼 살그머니 집을 나섰다. 삼거리에서 친구를 만나 터미널로 갔다. 일찌감치 서울로 돈벌이를 떠난 친구와 만나기로 작당을 해 놓았다. 뒷일은 그다음에 생각하기로 했다. 전날 소지품을 정리해 아궁이에 불사르고 아버지께 편지를 남겼다. 뒤늦게 편지를 발견하고 집이 발칵 뒤집혔던 모양이었다. 대구 사는 언니한테 급하게 전화했을 것이다. 기차 시간을 기다리며 친구와 역사를 두리번거리고 있는데 뒤에서 부르는 소리가 들렸다. 언제 왔는지 언니가 저승사자 얼굴을 하고 서 있었다. 친구만 만나고 곧장 오겠다고 했지만 어림없었다. 엄마 생각은 하지 않느냐는 언니한테 잡혀 집으로 돌아왔다.

어릴 적 열망대로 나는 신작로를 넘어왔고 삶의 대부분을 그 너머에서 보냈다. 무얼 찾아 여기까지 왔던가. 막막한 도시에서 이십 대를 탕진하고 한 남자를 만나 결혼하고 아이를 낳아 기르며 나이를 먹었다.

신작로에 올라 그에 차를 세웠다. 시인의 말처럼 '이 비좁은 세상의 길을 헤매다 헤매다 결국 찾아서 돌아오는 길' 뿌예진 눈에 비친 마지막 노을이 서럽도록 붉다.

엄마의 고향

언니와 엄마를 모시고 엄마의 고향을 찾아가기로 한 날이다. 엄마가 1931년에 태어나 19살 결혼하기 전까지 살았던 달성군 유가면 음동이다. 내가 태어났을 때는 외갓집과 외가 친척들이 이미 지금의 신당리에 새 보금자리를 잡은 후였다. 일세기에 가까운 세월 저편의 공간은 막연히 이 세상에 존재하지 않거나, 있어도 아주 먼 곳이라고 생각했다.

지척에 고향이 있어도 엄마 혼자서는 갈 수 없다. 젊어서는 살기 바빠 못 가고 이제는 기력이 쇠해 못 간다. 친정집 평상에 앉아 언니가 도착하기를 기다리며 엄마는 내가 태어나기 전에 돌아가신 큰외삼촌 이야기를 들려주었다. 공비들에게 먹을 것을 제공했다는 이유로 이웃 사람들과 잡혀갔다고 한다. 비슬산 어느 골짜기로 끌려가서 변을 당했는데, 칠흑 같은 밤에 몰래 시신을 찾아 장사 지내느라 "너그 아버지가 죽을 욕을 봤다"고 했다.

유가에 가기 위해서는 현풍을 거쳐야 한다. 비슬산 아래에 있는 현풍읍 일대는 국가산업단지와 대규모 아파트가 들어서 그야말로 상전벽해가 되었다. 예전에 부모님과 자주 왔던 곰탕집에 들러 점심부터 먹기로 했다. 뜨끈한 곰탕을 안주 삼아 시원한 맥주잔을 들이켜고 흡족해하시던 아버지가 생각난다. 가족 단위의 손님이 많은 이곳은 그때나 지금이나 성업 중이다. 추억이 있는 공간과 장소가 사라지지 않고 있다는 것이 새삼 고맙다. 현풍 읍내를 벗어나자 이내 시원하게 펼쳐진 들판이 나타난다. 엄마가 가리키는 곳에 차를 세웠다. 야트막한 언덕배기에 낮은 집들이 모여 있는 정갈하고 소박한 마을이다.

엄마가 말한 기억 속의 개울은 물이 말라 잡초만 무성하다. 언니와 내가 차에서 내려 골목을 기웃거리는 사이 빗줄기가 약하게 내리기 시작했다. 살피꽃밭에 심어놓은 푸성귀들이 두런두런 비에 젖는다. 기다림으로 굽은 당산나무는 말이 없고, 마을 뒷산에는 저녁연기 같은 운무가 피어오른다. 골목 어귀에서 어린 엄마가 뛰어나올 것만 같다.

　참꽃으로 유명한 비슬산 아래 유가면은 9개 동으로 이루어져 있다. 음동은 그중에 하나로 지금은 음리로 불리며 가까이 '유가사'라는 절이 있다. 겨우내 얼었던 개울이 풀리고 골짜기에 참꽃이 흐드러지게 피면 동무들과 나물 캐러 유가사까지 올라갔다고 한다. 초록이 짙어가는 산의 품은 넓고 골은 깊다. 모내기가 끝난 마을은 인적조차 뜸하다. 아까부터 낯선 방문객을 보고 있던 어르신이 다가온다. 눈매가 선하다. 사정 이야기를 들은 노인은 고개를 절레절레 흔든다. 외할아버지 함자를 대도 역시 고개를 저으며 혹시 모르니 어르신들이 있는 마을회관에 가보라며 위치를 알려준다. 너무 늦게 찾아온 고향객이 안타까운 듯 노인의 시선이 먼 산을 향한다. 차창 밖으로 시선을 둔 채 엄마는 말이 없다. 조금만 더 일찍 왔더라면….

나이가 들수록 더 간절해지는 것이 그리움이다. 엄마라고 고향을 향한 그리움이 없었을까. 오라버니에 대한 아픈 기억은 고향에 대한 트라우마로 남기도 했으리. 이삼 년 전에 친정으로 한 통의 전화가 왔다고 한다. 음동을 들먹이며 엄마 이름을 묻는데 당황한 엄마는 당신이 연락하마, 하고서는 전화를 덜컥 끊어버렸다. 어릴 적 친구일지도 모르는데 그쪽 연락처를 물어보지도 않고 끊어버렸으니 내가 참 등신이다, 고 하며 안타까워하셨다.

  세월은 유수와 같고 인간의 삶은 유한하다. 구순을 바라보는 노모의 고향 나들이는 엄마로서가 아닌, 온전히 당신만의 시간을 돌려주고 싶은 바람에서다. 그래서 황량한 가슴이 조금이나마 채워지고 남은 생이 편안하시기를 비는 마음이었다. 비슬산은 온갖 풍상의 세월을 겪고도 의연하다. 엄마의 가없는 사랑도 그에 못지않다. 어린 시절 살던 집도 사라지고 사람들도 가고 없지만, 당신의 아픈 마음 한 자락을 비슬산 바람이 위무해 주었으리라.

3장
인지 능력의 저하

가정 방문 요양 보호

월요일에 출근한 요양사에게서 전화가 왔다. 엄마가 설사를 하고 손발에도 붓기가 있다고 한다. 바지를 두 번이나 갈아입히고 아침내 욕실 청소를 했다는 목소리에 걱정과 불만이 섞여 있다. 요양사의 말은 주말에 자식들이 와서 이것저것 드시게 해서 탈이 났다는 뜻이다. 본인이 주중에 음식 조절을 통해 애써 혈당 관리해 놓으면 주말에 자식들이 와서 도로 엉망으로 만든다는 것이다. 얼마 전에도 이와 같은 불만을 토로한 적이 있다.

살날이 많지 않은 부모가 맛있게 잘 드신다면야 뭐라도 해 주고 싶은 것이 자식 마음이다. 요양사는 엄마에게 떡 한 조각 야쿠르트 한 병도 두세 번으로 나눠서 줄 만큼 식단 관리가 철저하다. 당뇨 때문이라지만 꼭 저렇게까지 해야 하나 싶을 때가 있다. 엄마가 드시면 얼마나 드실까. 요양사만큼은 아니지만 우리라고 생각 없이 드시게 하진 않는다.

엄마에게 문제가 생기면 당연히 자식인 우리가 알아야 하고 재발 방지를 위해서 같이 노력해야 한다. 그런데 전화를 끊고 나니 은근히 부아가 치민다. 내가 듣기에도 거북한 통화 내용을 엄마가 고스란히 듣고 있지는 않을까. 평소에도 요양사는 엄마가 옆에 있거나 말거나 자기 할 말을 하는 편이다. 엄마는 당신 때문에 자식들이 애먼 소리를 듣는다며 마음이 편치 않을 것이다. 수치심이나 불안감을 느꼈을 수도 있다. 당신의 처지를 알고 또 비관하지 않겠는가. 엄마는 좋거나 싫어도 내색하지 않지만 그렇다고 상황 파악을 못 하는 건 아니다. 그래서 그런 전화는 엄마가 듣지 않게 해달라고 여러 번 부탁했건만 도무지 지켜지지 않는다.

병원에서 만난 간병인 중에 환자를 투명 인간 대하듯 하는 이가 있었다. 환자가 애타게 부르는데도 눈길 한번 주지 않았다. 적어도 왜 부르는지, 무슨 문제가 있는지 가보기는 해야 하는 것 아닌가. 보다 못한 내가 가보려고 하자 저 환자는 원래 저런다면서 신경 쓰지 말라고 했다. 유독 그 간병인은 환자나 보호자 뒷담화도 자주 했다. 손이 많이 가는 환자나 문제를 제기하는 보호자는 대놓고 입에 올렸다. 환자를 돌보는 일은 건성으로 하고 간호사들과 친분 쌓기에 더 공을 들이는 간병인도 있었다.

엄마가 읍내 병원에 입원해 계실 때다. 점심을 같이 먹으려고 시간 맞춰서 갔는데 병실이 조용하고 간병인은 보이지 않았다. 그새 식사가 끝났나보다 하고 봤더니 엄마와 옆 환자의 탁자에 뚜껑도 열지 않은 식판이 그대로 있었다. 간호사실에 가서 물어보았더니 아마 식사하러 간 모양이라고 하였다. 환자가 밥을 먹든 말든 본인부터 먹겠다는 심리는 도대체 어디에서 나오는 걸까. 본인의 부모라면 과연 그렇게 행동할 수 있을까.

연락을 받았는지 잠시 후에 간병인이 왔다. 늦게 가면 식당에 눈치가 보이고 반찬도 남아있는 게 없어서 빨리 먹고 오려고 했다는 것이다. 미안해하는 기색은 조금도 없고, 오히려 너무 태연하게 말해서 내가 잘못 알고 있는 건가 싶었다. 화를 넘어 실망스러웠다. 명색이 시험 치고 자격증 따서 온 사람들이 아닌가. 본인들이 얼마나 중요한 일을 하는지, 스스로 격을 떨어뜨리는 행동이다. 사소한 일이라고 할지 모르나 그런 사소한 문제가 쌓여 큰 사고로 이어질 수 있기 때문이다.

밤중에 화장실 가겠다는 엄마를 방치해 침대에서 낙상한 일이 있었다. 바닥에 주저앉으면서 주삿바늘이 빠졌는데 간병인이나 병원 측에서 말하지 않으니 우린 까맣게 몰랐다.

퇴원한 후에 이유 없이 발목이 퉁퉁 붓고 열이 났다. 혈관 찾기가 어려워 발등에 링거 주사를 놓았다. 급히 응급실에 모시고 가서야 그때 주삿바늘이 빠지면서 감염되었다는 걸 알았다.

요양사나 간병인이 모두 그렇다는 건 아니다. 진심으로 환자와 보호자를 대하는 간병인이 더 많다는 걸 안다. 엄마가 작년에 입원했을 때 개인 간병을 했던 간병인은 퇴원 후에도 전화로 돌봄에 필요한 정보를 알려주었다. 그때는 엄마가 위중한 상태여서 하루하루가 불안했는데 그분이 침착하게 대처하는 법과 힘내라고 격려까지 해주어서 큰 위로가 되었다.

보호자와 간병인 관계는 흔히 보호자가 갑이고 간병인이 을인 줄 안다. 하지만 엄마처럼 인지 저하증이 있고 의사소통이 어려운 노인의 경우에는 간병인이 갑이다. 안전하게 돌본다는 핑계로 자신들의 통제에 가두려고 한다. 그 과정에서 환자를 비인간적으로 대하는 경향이 있다. 시설에서 노인을 학대하는 뉴스를 보면 도를 넘어도 한참 넘었다. 무심코 하는 행동일지라도 환자에게는 돌이킬 수 없는 상처가 된다. 뻔히 알고도 그런 짓을 하는 간병인을 신뢰할 수 있겠는가. 아픈 부모를 맡겨놓을 수밖에 없는 자식인들 마음이 편하겠는가. 하물며 본인은 살아도 사는 게 아닐 것이다.

지금의 요양사는 엄마나 우리가 가장 힘들어할 때 인연이 되었다. 간병에 대해 아는 것이 많고 말도 잘하고 일 처리도 시원시원하다. 요리 솜씨가 좋아서 엄마가 기력을 회복하는 데도 도움이 되었다. 우리도 가족처럼 대하며 믿고 의지했다. 하루 세 시간 하던 근무 시간을 늘려 오전과 오후 두 차례 방문했다. 그리고 24시간 상주하면서 몇 개월 근무하다가 발목 인대를 다치는 바람에 그만두었다. 그 일로 엄마는 열흘쯤 우리 집에 와 계시다가 다른 요양사가 정해진 다음 집으로 가셨다. 새로 온 요양사는 그전 요양사와는 이미지나 성격이 정반대였다. 성격이 소탈하고 무던해서 엄마가 심적으로 많이 안정되었다. 이분도 일 년 정도 엄마를 돌봐주었다. 일을 그만두고 난 후에도 언니와 나는 그를 이모라고 부르며 연락을 주고받았다.

어떤 간병인, 요양사를 만나느냐에 따라 환자 수명이 결정된다는 연구 결과가 있다. 많은 시간을 함께 보내는 그들의 말과 행동이 환자에게 영향을 미칠 수밖에 없다. 문득 나는 제대로 하고 있나, 가슴에 손을 얹고 생각해 본다.

주간보호센터

　엄마의 삶은 낙상 이전과 이후로 확연하게 갈린다. 집을 수리할 때만 해도 차차 좋아질 거라던 기대와 희망은 점점 빛을 잃어가고 있다. 어디를 가고 오는 것, 먹고 입는 기본적인 것조차 혼자서는 할 수 없는 수동적인 삶으로 바뀌었다. 걷기가 안 되고 기력이 쇠하면서 노인성 우울증과 인지 저하 증세도 나타났다. 말수도 줄었다. 돌이켜보면 오늘보다 어제가 좋았고 어제보다 그저께가 좋았는데 우리는 내일은 더 좋아질 거라는 헛된 희망으로 세월만 보냈다.

　엄마를 주간보호센터에 보내기로 했다. '보내다'는 표현이 편치는 않지만 실제로 엄마가 할 수 있는 일이 점점 없어진다. 안전하게 돌보는 데 신경 쓰느라 정신적, 심리적 노화까진 생각지 못했다. 집에서 퍼즐 맞히기나 색칠 놀이를 해보았지만 여럿이 규칙적으로 하는 게 아니라서 그런지 꾸준하게 하지 못하고 엄마도 금방 싫증을 냈다.

　엄마가 주간보호센터에 가게 되면 요양사는 다른 일자리를 찾아야 할지 모른다. 일 년 가까이 가족처럼 지낸 요양사에게 말 꺼내기가 미안했다. 집과 가까워서 출퇴근하기 좋고 엄마도 조용해서 오래 근무하길 원했다. 사실 요양사 덕분에 엄마가 많이 안정되긴 했다. 식사를 엄마 입맛에 맞게 해드렸으며 음식 조절을 통해 오랫동안 복용해 온 당뇨약을 끊게 한 것은 너무도 감사한 일이다. 다만 좋고 싫음이 분명한 성격이라서 인상이 강해 보이긴 했다.

언제부턴가 이웃의 발길이 뜸해졌다. 시골은 집집마다 대문을 활짝 열어두고 오며 가며 들여다보는 것을 인정으로 여기는데 요양사는 그런 이웃의 출입을 불편하게 여겼다. 수시로 찾아오는 어른들을 외면할 수도 없고 뭐라도 대접하려면 귀찮기도 했을 것이다. 엄밀히 따지면 근무 조건 외의 성가신 일이다. 이웃 사람들의 눈에도 요양사의 그런 태도가 곱잖게 비쳤을 것이다. 엄마는 무슨 일이 일어나도 모르고 자식들은 다녀가기 바쁘니 앞뒷집과 요양사 사이에 다툼이 있었다는 것도 나는 나중에 알았다. 그렇다고 요양사 때문에 엄마를 주간보호센터에 보내겠다는 건 아니다.

종일 멍하게 앉아 있는 엄마를 보고 있으면 딸인 나도 힘이 빠진다. 셋째 오빠는 그런 엄마를 안타깝게 여겨 가까운 주간보호센터를 알아보았다. 마침 읍내 병원 4층에 센터가 있어서 상담차 가보았더니 동네 어르신 몇 분이 이미 다니고 있었다. 그중에는 엄마 친구도 있다. 규모가 아담해서 가정집 분위기였다. 인상이 선해 보이는 모자가 함께 운영하는 점도 왠지 믿음이 갔다. 엄마 주치의나 다름없는 단골병원이 한 건물에 있다는 건 더 중요한 이점 중의 하나였다. 그런데 엄마가 내키지 않은 듯했다. 원체 조용하고 소심한 성격이긴 해도 그전에는 경로당에도 다니고 사람들과도 잘 어울렸지 않는가. 처음에는 가지 않겠다고 해도 다니다 보면 적응하게 되고 또 여러 사람과 어울려 프로그램에 참여하는 것이 치매 예방에 도움이 된다기에 신청했다.

첫날 입고 갈 옷을 개켜서 머리맡에 두고 칫솔과 여벌 옷을 가방에 챙겨 넣는 동안 나는 다소 설레기도 했다. 생활에 변화를 주면 엄마도 힘을 낼 것 같아서였다. 경로당에 놀러 간다, 생각하고 맘 편히 다녀오시라고, 아침에는 요양사가 와서 준비해 주고 저녁에는 내가 와서 기다리고 있겠다고 안심시켰다. 손가락을 펴 보이며 세 번만 가보고 정 내키지 않으면 가지 마시라고 했는데 기어이 오늘 아침 센터에서 온 차를 돌려보내고 말았다.

자식들 마음을 이렇게 몰라줄까. 한번 가보기라도 하시

지. 웬 고집이 바위 같다.

자식이 죽은 줄도 모르고

 아침에 보니 부재중 전화가 여러 통 와 있다. 새벽 4시, 둘째 오빠와 언니다. 예상은 했어도 예정된 죽음이란 없다. 몸에서 힘이 빠져나가 일어설 수 없었다.
 큰오빠를 영별한 며칠 후, 요양사에게서 전화가 왔다. 엄마를 휠체어에 태우고 산책을 갔다고 한다. 동네 한 바퀴를 돌아오려고 배꼽마당을 지날 때였다. '스티로폼 상자에 갖가지 푸성귀를 심어 길가에 내놓고 키우는 그 집 아저씨'가 엄마를 보더니 대뜸 큰오빠 이름을 들먹이더란다. 장례식장에 가보지 못해 미안하다고. 순간 당황해서 말을 막으려고 했지만 통 못 알아듣는 눈치였다. 안 되겠다 싶어서 휠체어를 돌려서 오는데 주머니에서 지폐 한 장을 꺼내 조의금이라며 엄마 손에 쥐어주더라고 했다. 눈 깜짝할 새 벌어진 일이라 자기도 어찌할 줄 모르겠다는 요양사의 전화 목소리가 심하게 떨렸다. 전화기를 들고 있는 나도 심장이 떨렸다.

요양사 표현에 의하면, 집으로 온 엄마는 말로 설명할 수 없는 복잡하고 무서운 표정으로 "지금 저 양반이 우리 큰아를 보고 죽었다고 하제?"라며 다그치듯 묻더라고 했다. 다른 사람을 착각해서 그랬나보다고 둘러대긴 했는데 누구라도 와야지 오늘 밤은 혼자 계시게 둘 수는 없다며 걱정했다. 그날 언니와 형부가 엄마 집에 갔는데 엄마는 아무것도 모르는 사람처럼 잠도 잘 주무신다고, 언니가 전화로 알려주었다.

엄마에게 큰오빠는 아픈 손가락이었다. 당뇨로 여러 번 고비를 넘겼다. 그때마다 엄마는 '에미 앞에 가는 자식은 자식이 아니다'며 엄포를 놓았다. 어떡하던지 '살아내라'는 간절한 바람이었다. 오빠는 끝내 돌아올 수 없는 강을 건넜고 엄마는 그 사실을 모르고 있다. 충격을 받을까 봐 알리지 않았다. 가버린 자식 가슴만 아플 뿐이다. 장례를 치르는 동안 엄마가 걱정되어서 요양사에게 전화했더니 며칠 컨디션이 너무 좋다고 했다. 큰오빠가 엄마 아픈 것까지 거두어 간 모양이라고 우리는 또 눈시울을 적셨다.

친정에 갈 때마다 엄마가 큰오빠를 찾을까 봐 조마조마했다. 제대로 어휘를 구사하진 못하지만, 눈빛만 봐도 알 수 있는 일이다. 자식을 찾아 두리번거리는 그 눈을 차마 볼 자신이 없었다. 당뇨로 자주 입원한 것까진 기억하실 테니 코로나 때문에 병원에서 나올 수 없다고 형제들과 말을 맞춰두었다. 며칠 후 수척해진 큰올케 언니가 와서 엄마 손을 붙잡고 "어머니, 죄송해요. 식사 잘하시고 편히 계셔요. 또 올게요" 하며 참았던 눈물을 쏟는데도 엄만 멀뚱멀뚱 쳐다보기만 했다. 그날 동네 아저씨와 있었던 일을 잊어버렸을까. 집에 와서 요양사한테 재차 묻기까지 해 놓고도 그날 이후 큰오빠를 찾지 않았다. 그렇게도 걱정하던 맏이가 죽은 줄, 누가 다녀갔는지도 기억 못 하니 정말 모르는 걸까. 인간 심리에는 충격적인 사건이나 고통스러운 경험을 일시적으로 억압하고 방어하려는 '해리성 기억 장애'가 있다고 한다. 일종의 심리적 방어기제이다. 차라리 잘된 일이다. 어떤 어미가 참척의 아픔을 맨정신으로 견디랴. 하늘에서 보고 있을 큰오빠도 잘했다고 할 것이다. 식구들이 모인 자리에서 누군가를 찾는 듯 두리번거리는 엄마의 눈빛을 보면 가슴이 미어진다.

어떻게 죽을 것인가

 하루하루 노쇠해 가는 엄마를 돌봐야 하는 상황에서 큰오빠마저 하늘나라로 떠나보낸 우리에게 '죽음'은 이제 먼 이야기가 아니다. 도움을 바라며 펼친 책들이 대부분 웰다잉에 관한 글이라면, 미국의 한 외과 의사 '아툴 가완디'가 쓴 《어떻게 죽을 것인가》는 노화와 질병으로 꺼져가는 생명을 어떻게 돌봐야 하는지에 관한 내용이어서 현실적으로 도움이 되고 울림도 컸다. 저자가 만난 말기 환자들과 부친의 임종을 겪으며 고뇌했던 경험을 차분하면서도 감동적으로 풀어놓았다.

 고관절 수술 이후, 엄마는 거동이 힘들어졌으며 독립적인 생활이 불가능하게 되었다. 더 걱정스러운 것은 삶의 의욕을 잃어버렸다는 것이다. 자식을 위해서라면 하늘의 별도 따다 줄 것 같던 엄마가 '이렇게 살면 뭐 하겠노' 하며 비관적인 모습을 보였다. 그럴수록 우리는 엄마가 좀 더 힘을 내주길 바랐고, 그렇게만 된다면 다시 이전의 생활로 돌아갈 수 있을 거라는 희망 때문에 오히려 한 걸음도 나아가지 못한 채 막막한 시간을 보내고 있다.

　큰오빠는 당뇨로 오랫동안 고생하다가 지난 오월에 세상을 떠났다. 한 집안의 장남이며 가장이 당뇨에 발목 잡혀 생을 마감하게 될 줄 누가 알았겠는가. 암도 고친다는 현대 의술에, 올케언니와 조카들의 정성에도 불구하고 병세는 악화되기만 했다. 투석 중에도 혈관이 막혀 수술하고 나면 또 다른 합병증이 와서 중환자실 입원을 반복했다. 코로나 때문에 병원에 갇혀 지내는 동안 남은 한 줌의 불씨마저 소진되고 말았다.

　큰오빠 빈자리가 크게 느껴질 때마다 왜, 무엇을 위해 인생의 절반이 넘는 시간과 고통을 감수해야 했나, 하는 부질없는 질문이 고개를 들었다. 발가락 괴사가 진행된다는 말을 듣고 나는 차라리 의학적 치료를 중단하고 공기 맑은 산속이나 시골로 가서 지내면 어떨까 하고 생각했다. 하지만 그건 내 생각일 뿐이었다. 질병에 걸린 사람들 대부분이 그렇듯이 '남아있는 생명으로 가능한 한 최선의 삶을 영위하는 것과 불확실한 미래의 가능성을 위해 남은 삶의 질을 희생하는 것' 사이에서 결정을 내리지 못했다. 삶이란 불확실성과의 끝없는 싸움인지도 모른다.

저자는 의료진이 개입해 환자로 하여금 희생과 위험을 감수하도록 하는 일은 더 큰 삶의 목적을 위한 것일 때만 정당화될 수 있다고 말한다. 너무 아픈 사랑은 사랑이 아니듯이, '너무 깊이 개입해서 손보고 고치고 제어하려는 욕구를 참아야 한다'는 말이다. 특히 주목했던 대목은 한 사람의 죽음이 주변 사람들에게 끼치는 연구 결과였다. 인공호흡기에 의지한 채 중환자실 치료를 받은 환자는 그렇지 않은 환자에 비해 삶의 질이 훨씬 나빴고 환자를 돌봤던 사람도 우울증을 겪을 확률이 세배나 높다고 나왔다.

큰오빠 부음을 받고 나는 큰올케 언니가 걱정되었다. 언니는 일과 오빠의 병수발을 병행하면서도 힘든 내색 한번 하지 않았다. 그림자처럼 오빠 곁을 지키며 헌신적으로 돌봤다. 부부라는 이유로 당연시하기에는 가혹한 세월이었다. 그렇게 최선을 다했음에도, 아니 너무 최선을 다했기에 지금도 눈물주머니를 달고 사는지 모르겠다. 이젠 훌훌 털어버리고 손주들 재롱 보면서 행복하게 살았으면 하는 바람이다.

저자는 '삶에 끝이 있다는 현실을 받아들일 수 있는 용기와 그걸 토대로 행동을 취할 수 있는 용기가 필요하다'고 한다. 가장 두렵고 걱정스러운 것이 뭔지, 가장 중요하게 생각하는 목표는 뭔지, 그걸 이뤄내기 위해 기꺼이 포기할 수 있는 것과 그럴 수 없는 것은 무엇인지에 대해 어렵지만 용기 있는 대화를 나누어야 한다고 말이다. 삶이 기울어가는 단계에서 의학적인 충고를 거절할 환자나 가족은 많지 않을 것이다. 큰오빠를 보내고 나서야 우리가 좀 더 일찍 솔직하고 용기 있는 대화를 하지 않았다는 것이 가슴 아팠다.

질병과 노화는 상실에 대한 두려움뿐만 아니라 고립과 소외에 대한 공포이기도 하다. 친정집에 오시는 동네 어른들은 한결같이 '살던 집에서 살다가 잠자듯 가기'를 바란다. 하지만 다수의 환자와 노인은 요양원이나 병원에서 삶을 마감한다. 저자의 말처럼 '고립되고 격리된 곳에서, 삶의 모든 것으로부터 단절된 채 엄격히 통제되고 몰개성화된 일상'을 견디면서 말이다.

그 문제에 대해 저자는 늙고 병든 사람들을 돌보는 '시스템에 대한 의문'을 제기한다. 육체적인 독립성을 잃으면 가치 있고 자유로운 삶은 불가능하다는 개념을 별생각 없이 받아들이는 '의식'이 문제라고 지적한다.

'요양원 같은 시설과 제도는 여러 가지 사회적 목적을 달성했다. 병원 입원실을 비우고, 가족의 부담을 덜어주고, 노년층의 빈곤을 극복하려는 목적을. 그러나 그 시설에 들어가 사는 사람들에게 중요한 목적은 달성하지 못했다. 스스로를 돌볼 수 없게 됐을 때도 삶을 가치 있게 살아가도록 하는 것 말이다.'

지금은 방문 요양사와 형제들이 교대로 엄마를 돌보지만 언제까지 가능할지 모를 일이다. 연세로 볼 때 호전되기는 어렵다. 언제까지 집에서 모실 수 있을까. 그럴 수 없는 상황이 오면 어떻게 해야 하나. 그 문제로 가족회의를 하지는 않았지만 우리는 조금씩 지쳐가고 있다. 어떻게 하는 것이 정말 엄마를 위하는 일인지에 대한 견해도 조금씩 차이를 보인다.

희망적인 것은 시스템을 '혁신하는 데 헌신하는 사람들의 노력이 꾸준히 이어져 오고 있다는 사실이다. 요양원의 세 가지 역병이라고 불리는 무료함, 외로움, 무력감을 몰아내기 위해 방마다 초록 식물을 들이고 새들이 지저귀는 소리를 들으며 아침을 맞게 했다. 마당에는 채소와 꽃을 심어 환자들이 직접 돌보고 키우게 하며 개와 고양이도 들였다. 요양원에 놀이터를 만들고 학교가 파하면 아이들이 와서 뛰어 놀았다. 그리고 미처 새장이 도착하기도 전에 배달되어 온

잉꼬 백 마리가 요양원 안을 날아다니며 아수라장으로 만드는' 장면은 책을 읽는 내게까지 생동감으로 충만하게 했다. 그들 말처럼 '아름다운 혼란, 고양된 환경'이었다.

인간에게 삶이 의미 있는 까닭은 그것이 한편의 이야기이기 때문이다. 이야기는 결말이 중요하다. 자신의 이야기를 자신이 원하는 방식으로 마쳤을 때 삶이 완결됐다는 느낌을 갖는다고 저자는 역설한다.

언젠가는 혼자 설 수 없는 때가 온다. 2년 전 만 해도 텃밭을 가꾸며 자식들을 기다리던 엄마가 그랬고. 일흔에 세상을 떠난 큰오빠가 그랬다. 머잖아 나도, 우리 모두 그렇게 될 것이다. 하지만, 저자의 말처럼 언젠가는 벌어질 일인데도 이 문제에 대해 생각하기를 꺼렸다. 그 결과 아무런 준비 없이 그 단계에 도달한다. 도움을 필요로 하게 되었을 때 어떻게 살아야 할지 신경 쓰지 않고 있다가 뭔가 해보기에는 너무 늦은 시기에 이르게 되는 것이다.

대부분 자신의 삶을 스스로 결정할 수 없는 이 시대에, 《어떻게 죽을 것인가》는 삶의 마지막이 얼마나 중요한지를 깨닫게 해주는 책이다. 우리의 궁극적인 목표는 '좋은 죽음이 아니라 마지막 순간까지 좋은 삶을 사는 것'이기 때문이다.

엄마의 퀘렌시아

 내일은 친정에 가는 날이다. 식사를 포함해 엄마의 하루를 책임져야 하니 틈나서 들르는 날과 당번인 날은 마음가짐부터 다르다. 뭐 해 먹지? 고민하다가 집 앞 채소전에서 우엉잎과 호박잎을 샀다. 제철이라 부드럽고 연하다. 껍질을 벗긴 다음 깨끗이 씻어서 찜기에 찌고 된장 잘박하게 끓여서 쌈 싸 먹으면 엄마도 좋아하겠다.
 얼마 전부터 엄마는 유독 해거름이 되면 강박증에 가까운 증세를 보인다. 낮에 함께 있다가 저녁에 집에 오려고 하면 지나칠 정도로 '어서 가라'고 해서 쫓기듯이 올 때가 많다. 처음엔 엄마가 서운해서 그런다고 생각했는데 알고 보니 일종의 강박증이었다. 딸자식이 제시간에 귀가하길 바라는 걱정을 넘어 당신이 살아온 날과 무관치 않을 것이라고 생각하니 마음이 짠하다. 오늘은 자고 간다고 분명하게 말씀드렸더니 "임서방하고 애들은 어쩌고?" 하면서도 싫지 않은 표정이다.
 우엉잎과 호박잎을 쪄서 한 김 식혀놓고, 멸치육수에 된장

풀고 애호박 대파 잘게 썰어 넣고 보글보글 끓인다. 쌈밥은 다리 쭉 뻗고 앉아 먹어야 제맛이라고 했더니 엄마도 그러자고 한다. 한입 싸서 드리고 나도 크게 한입 싸 먹는다. 구수한 호박잎과 짭조름한 된장 맛이 우리 모녀 같다. 느긋하게 식사한 후에는 치매와 우울증 약을 챙겨 드린다. 설거지하는 동안 엄마는 양치하고, 빼놓은 틀니는 내가 전용세제에 담근다. 소소하지만 중요한 일들을 시간에 쫓기지 않고 함께할 수 있어서 행복하다. 연속극 보다가 옛날이야기 하다 보면 얼추 늦은 여덟 시, 자다 깨다 하던 엄만 그새 코를 골며 잠들었다. 토끼잠 같은 노인의 초저녁잠이 얼마나 갈까마는 나는 조용히 밖으로 나온다.

  어둠에 잠긴 마을이 동화 속 세상 같다. 컴컴한 담 밑에서 뿔 달린 도깨비가 나타날 것 같아 조심스럽게 마당으로 내려선다. 여름밤 모깃불을 피워놓고 평상에 누워 별 헤던 시절이 있었다. 아버지가 유머 있고 말씀을 재미있게 하셔서 저녁 먹고 마실 오는 이웃분들이 많았다. 아버지는 연기가 맵다고, 이제 모기도 다 도망갔으니 방에 가서 자라고 했지만 어른들 이야기가 궁금해서 고집 피우다 평상에서 잠이 들곤 했다. 아버지도, 그때 어른들도 별이 된 지 오래건만 마치 어제 일처럼 생생하다.

 길 건너에서 친정집 거실을 환히 비추는 가로등은 키다리 아저씨다. 엄마는 불도 켜지 않고 화장실을 들락거릴 텐데, 품을 떠난 자식들을 대신해서 지켜주는 것 같아서 고맙다.

 투우장에서 투우사와 싸우다 지친 소는 자신이 안전하다고 생각되는 장소에 가서 숨을 고르며 힘을 모은다고 한다. 기운을 찾아 계속 싸우기 위해서다. 그곳에 있으면 소는 더 이상 두렵지 않다. 그 자리를 '퀘렌시아'라고 하는데, 피난처, 안식처라는 뜻이다. 퀘렌시아는 처음부터 정해져 있는 것이 아니라 투우가 진행되는 동안 소가 본능적으로 알고 피난처로 삼는 곳이다. 순록이 마음 놓고 풀을 뜯는 비밀의 장소, 곤충이 비를 피하는 나뭇잎의 뒷면처럼 안전하게 숨을 고를 수 있는 자기만의 영역이다. 숨을 고르는 일이 마음을 고르는 일이라니, 밤하늘을 보며 오롯이 있을 수 있는 친정집 마당도 나에게는 퀘렌시아일 것이다.

 엄마가 수술한 병원에도 나만의 퀘렌시아가 있었다. 본능적으로 하늘이 보이고 바람 부는 곳이 끌리지만 꼭 그런 것만은 아니다. 병원 복도 끝 창가, 야외주차장에 차를 세우고 걸어오던 오솔길, 엄마가 수술받는 동안 숨죽여 기다리던 대기실 옆 작은 도서관, 힘들고 지칠 때 잠깐 가서 머물다가 오면 다시 힘이 났다. 재활병원에 계실 때는 병실로 가는 비상계단도 일종의 퀘렌시아였다. 엄마는 재활의 기미는 보이지 않고 갈수록 더 까라졌다. 답답한 마음에 걸어가려고 비상구를 찾았는데, 의외로 넓고 조용해서 운동 삼아 7층까지 걸어 다녔다. 호흡이 빨라질수록 머릿속은 차분해져서 현실을 직시하게 되었다. 그때그때 안식을 느낄 수 있는 공간은 많지만, 궁극적인 나의 퀘렌시아는 오늘 엄마와 함께하는 지금 여기 이 시간일 것이다. 노쇠하지만 당신이 곁에 있어 다시 힘을 낼 수 있기 때문이다.

  엄만 그만 자라하고 나는 엄마가 잠들기를 기다린다. 잠 안 오면 휠체어를 타고 동네 한 바퀴 돌고 오자고 하니 고개를 젓는다. 그럼 나 혼자 마당에 나갔다 올 테니 먼저 주무시라고 하자 깜깜한데 뭐가 보이냐고 한다. 뭐가 보이냐는 무덤덤한 언어가 인생의 덧없음을 말해주는 것 같아 쓸쓸하다. 어두워서 더 잘 보이는 것도 있는데…. 오직 자식만 보고 살아온 그 세월이 야속하다.

  엄마의 마지막 퀘렌시아는 어디일까.

나들이

 엄마가 '주간 돌봄 센터'에 나간 지 두 달이 되었다. 종일 멍하게 앉아 있는 엄마를 안타까워하던 차에, 센터에 다니는 엄마 친구가 매일 찾아와 권유한 힘이 컸다. 비록 자발적인 등원은 아니지만 그렇게라도 사람들과 어울리다 보면 좋아질 거라는 기대가 있었다.

 센터에서 전화가 왔다. 코로나 백신 2차 접종이 있는데 와서 도와줄 수 있겠냐고 했다. 접종 장소까지 가려면 차로 이동해야 하는데 어르신들이 고령이라 어려움이 있고 또 그날은 센터 직원들도 접종하기 때문에 일일이 챙기기가 어렵다고 한다. 엄마만 해도 휠체어로 움직여야 하니 당연히 가겠다고 했다.

 여유 있게 나섰는데도 성서공단으로 진입하려는 차가 많아 10분가량 지체되었다. 실장으로부터 어디쯤 왔느냐고 전화가 오더니 곧 입장한다는 전화가 다시 왔다. 도와주려고 왔다가 되레 민폐만 끼치는 꼴이다. 주차하고도 입구를 못 찾아 허둥대는데 '코로나19 접종 장소'라고 붙여놓은 화살

표가 눈에 들어온다. 저만치 방역 조끼를 입고 엘리베이터 앞에 서 있는 안내원이 구세주처럼 보인다.

오늘만 해도 75세 이상 어르신 400명이 예약되어 있다고 한다. 허겁지겁 계단을 올라왔을 때는 엄마와 센터 사람들이 보이지 않았다. 입구에서 엄마 이름을 대고 보호자라고 하자 열 체크를 하고 입장시켜 주었다. 사람은 많지만 분위기는 차분한 편이다. 군데군데 노란 조끼를 입은 안내원이 배치되어 있으며 인상도 밝고 친절히 안내해 주었다.

나는 엄마와 다른 어르신 한 분을 맡기로 했다. 칸막이가 설치된 곳에서 두 차례 문진을 받았다. 첫 번째는 젊은 여의사였다. 어르신 컨디션은 어떤지, 복용하는 약은 있는지, 이전에 독감 주사 맞고 부작용은 없었는지 등을 물었다. 두 분 다 혈압약을 복용 중이며 이상 반응을 보인 적은 없다. 두 번째는 인자한 인상에 연세가 있는 남자 선생님이었다. 앞에서 체크한 내용을 한 번 더 확인한 다음 뒤 칸으로 안내받아 주사를 맞았다. 대기하는 사람이 많아서 얼른 자리를 비켜주려고 했는데, 천천히 어르신 옷 다 입혀서 가도 된다는 의사의 말이 감동을 불러일으킨다. 따뜻한 말 한마디가 그리운 요즘이다. 밖에서 주의 사항이 적힌 안내문을 받고 대기 장소로 이동했다.

  옥상 주차장에 임시로 마련한 대기실에는 먼저 주사를 맞고 나온 어르신들과 보호자들이 앉아 있다. 같은 센터 식구라고 먼저 나온 순서대로 모여 앉는다. 할머니 한 분이 어지럽다고 하자 복지사가 빈 의자를 당겨 다리를 올려주고 안정을 취하게 한다. 걱정스러웠는데 혈압이 낮아서 평소에도 종종 있는 증상이라고 해서 마음이 놓였다. 사실 저 할머니나 엄마를 포함한 어르신들은 코로나가 뭔지, 당신들이 왜 이곳에 와 있는지조차 모르는 사람이 많다. 아무것도 모르는 어르신들께 하지 않아도 될 고생을 시키는 것 같아 죄송한 마음이다.

  코로나19 팬데믹이라는 이 상황이 처음이듯이 대규모 집단 접종도 처음 경험하는 일이다. 1차 때는 한 시간 이상을 기다렸다고 한다. 딱딱한 의자에서 어르신들은 지쳤고 화장실에 가거나 자리를 떠서 걱정이 많았다고 한다. 이번에는 대표자가 먼저 와서 접수한 다음 시간 맞춰 모시고 왔다. 기다리는 시간이 줄었고 어르신들도 차분했다. 그래도 넘어지거나 자리를 벗어나는 일이 있을까 봐 긴장을 풀 수 없다. 갑자기 한 어르신이 "와 카노 이게 머꼬" 하고 소리 지른다.

왜소한 체구에 목소리는 카랑카랑하다. 혼잣말이다. 노인의 공허한 외침에 대기실이 한순간에 조용해졌다. 맞는 말씀이다. 세상이 어쩌려고 이러는지…. 코로나바이러스는 유독 노인에게 치명적이다. 중증이나 사망할 확률도 젊은 사람들에 비해 훨씬 높다. 죽어라 일하고 하늘이 준 만큼 거두며 순리대로 살아온 이분들에게는 지금의 현실이 황당하기도 할 것이다. 이 몹쓸 바이러스의 발발이 인간의 욕심이 불러온 생태계 파괴와 무관치 않다면 어르신들은 죄가 없다. 있다면 자식 위해 고생 고생하다가 나이 든 죄밖에 없다. 그 대가로 얻은 문명의 이기나 혜택은 누려보지도 못했다. 그런데도 그 피해를 고스란히 받고 있다.

코로나가 오기 전에는 이웃 어른들을 모시고 독감 예방주사를 맞으러 갔다. 가는 길에 모시고 간 것인데 만날 때마다 고맙다고 하셨다. 그분들도 자식이 있고 부르면 언제든지 달려오겠지만 이웃들과 간다니 좋으셨던 모양이었다. 아침에 친정집으로 모시러 가면 한 시간 전부터 와서 기다리고 계셨다. 서둘러 가도 읍내 병원은 만원이다. 독감 접종 시기가 되면 근동의 어르신이 한꺼번에 오기 때문이다. 왁자지껄하게 인사 나누고 차례 기다려서 주사 맞고 나면 점심시간이다.

  병원 근처 중국집으로 간다. "집에 가서 있는 밥 먹으면 되는데, 맥지 돈 쓴다"고 펄쩍 뛰면서도 싫지 않으신 표정이었다. 자장면 한 그릇 받아 놓으면 반은 입으로 가고 반은 흘린다. 모른 척하고 있다가 나오는 길에 슬쩍 치우려고 하면 주인아주머니가 "아휴 우리 친정엄마도 이래요" 하며 그냥 가라고 등 떠밀었다. 가는 길에 송해공원 한 바퀴 돌아서 집 가까이 내려드리면 고맙다는 말을 볼 때마다 하셨다.

  한 분은 작년에 치매가 와서 요양병원에 가셨고 외숙모는 용인 사는 외사촌 언니가 모시고 갔다. 코로나가 잠잠해지면 다시 오겠다고 했지만, 세월이 기다려줄지는 알 수 없다.

  대기 시간 15분이 지나 센터로 이동할 시간이다. 엄마는 조퇴하고 집으로 모시고 가려다가 그만두었다. 접종 후 반응을 지켜봐야 하고 문제가 생기면 센터에서 신속하게 대처할 수 있기 때문이다. 느릿느릿 차에 오르는 어르신들을 배웅하며 뭔가 아쉽다. 이것도 나들이라면 나들이인데 그냥 보내기가 섭섭하다. 자장면 한 그릇 대접하고 싶다.

대문을 연다는 것

초겨울 바람이 매섭다. 토요일 아침 일찍 친정집에 왔는데 대문이 열려있다. 지난밤에 요양사가 퇴근하면서 깜빡했을까? 지난 주말에 막내 오빠가 갔을 때도 대문이 열려있어서 이상하다며 내게 전화했었다. 그때는 건성으로 듣고 넘겼다.

낮에는 주간보호센터에 가 계시고 저녁에는 요양사가 와서 기다리고 있지만 밤에는 엄마 혼자 있다. 저녁 식사 후에는 주무실 수 있도록 만반의 준비를 해놓고 나오면서 대문을 잠근다. 혼자 있는 엄마가 걱정되고 불안하지만, 출근하는 식구들 챙겨야 하고 해야 할 일들이 있으니 엄마 옆에만 지키고 있을 수 없다. 요양사는 아침 8시에 출근한다.

'찰칵' 대문 여는 소리에 '누고?' 하는 엄마 목소리가 들리면 비로소 마음이 놓이곤 했는데, 대문이 열려있으니 걱정이 앞선다. 엄마는 하루를 소파에서 지낸다. 그런데도 종종 넘어지거나 부딪히는 일이 발생해서 긴장의 끈을 놓을 수가 없다. 엄마가 현관문을 열고 문턱을 넘어 계단을 내려와 마당을 지나 대문을 연다는 건 상식적으로 불가능한 일이다.

그런데도 대문은 열려있다. 누가 다녀간 흔적도 없다. 엄마는 대문이 열려있는 이유를 무조건 모른다고 한다.

어느 주말, 삼십 분이나 늦게 도착한 나는 정신없이 열쇠로 문을 따고 들어갔다. 그런데 방에 있어야 할 엄마가 마당 가운데에 주저앉아 있었다. 현관문과 베란다 창문은 활짝 열려있고 뒤란의 보일러는 넘어갈 듯이 쇳소리를 내며 돌아가고 있었다. 놀라서 달려가자 엄마도 나를 보고 어쩔 줄 몰라 했다. 언제부터 그러고 있었는지 일으켜 세우려는데 몸이 얼음장같이 차다.

가끔 대문이 열려있는 까닭을 그때 비로소 알았다. 대문을 열어놓은 장본인은 엄마였다. 엄마는 예전부터 새벽에 일어나서 대문부터 여는 습관이 있다. 우물물을 길어 세수하고 손끝에 물을 묻혀 머리를 매만졌다. 정하게 단장하고 가장 먼저 하는 일이 빗장을 풀어 대문을 열어놓는 것이었다. 화장실에 가려고 일어난 나는 잠결에 엄마 그런 모습을 지켜보곤 했다.

일어나서 단장하고 무엇보다 먼저 대문을 연다는 건 어떤 의미일까. 엄마에게 대문을 연다는 것은 하루를 여는 일이다. 새날의 새 기운을 집안으로 맞아들여 하루가 무탈하게 지나가기를 비는 기도였다.

　엄마는 이제 지난 세월을 잘 기억하지 못한다. 금방 한 일도 돌아서면 잊어버린다. 하루에도 몇 번씩 의식과 무의식의 경계를 넘나든다. 그런데도 일어나서 가장 먼저 대문 여는 일은 잊지 않았나 보다. 그것이 오랫동안 굳어져 온 습관이라고 하더라도, 엉덩이를 밀면서 마당으로 나와 대문을 열어놓고 다시 집안에 들어와 있다는 것은 불가사의한 일이다. 어쩌면 남편과 자식들을 향한 기다림의 표출일지도 모른다.

뱅기는 날아가고

　뜨거운 커피를 들고 식탁에 앉는다. 동살에 물든 팔공산이 창문에 그려놓은 한 폭의 유화 같다. 비행기 한 대가 사선으로 날아올라 하늘 높이, 구름 속으로 사라진다. 엄마가 수술하고 우리 집에 와 계실 때가 생각난다. 식구들이 출근하고 나면 엄마하고 느긋하게 아침 식사를 했다. 마주 앉아 밥을 먹던 엄마가 갑자기 창밖을 가리키며 "뱅기다"고 외쳤다. 평소와 다르게 목소리가 크고 들떠있어서 조금 놀랐다. 문득 엄마가 여행을 좋아하나, 처음으로 생각했다. 비행기의 궤적을 따라가는 시선이 꿈 많은 소녀 같았다.

동네 사람들이 다 가는 단풍놀이, 봄놀이도 엄마는 집안일한다고 못 갔다. 엄마라고 왜 꿈이 없었을까. 고이 접어 세월의 갈피 어딘가에 묻어 버렸을 엄마의 꿈. 그저 가슴에 꾹꾹 묻어두고 살았으니 하늘을 새처럼 날아가는 비행기를 보고 자신도 모르게 탄성이 나왔는지 모른다. 당신은 아직도 동경하는 그 무엇을 가슴에 품고 있을까. 늙고 거동이 어렵다고 어찌 먼 미지에 대한 꿈조차 없다고 할 수 있을까.

지난가을에 제주도로 가족여행을 가기로 했는데 코로나 때문에 취소했다. 엄마가 비행기를 탈 수 있는 마지막 기회였는데 그만 놓쳐버렸다. 바람 빠진 가슴에 공허한 하늘만 남았다. 코로나 시대지만 비행기는 여전히 하늘을 날아다닌다. 엄마는 오늘도 고향 집 마당에서 성치 않은 몸으로 저 하늘을 올려다볼지 모른다.

언제 다시 내 집에 오셔서 조반을 드실 것이며 그때처럼 마주 앉아 비행기를 볼까. 뱅기는 날아가고 하늘에 구름 한 조각 외롭게 떠 있다.

추억의 환승역

시내에서 볼일을 보고 오는 길에 서문시장 앞을 지나왔다. 예전에 부모님이 자주 가시던 곳인데 추억의 장소가 가까이 있다는 걸 잊고 있었다.

가정사에 무심했던 아버지도 제삿날이나 명절이 다가오면 엄마와 함께 서문시장에 가셨다. 건어물전에서 마른 장을 보고 인근의 식당 골목에서 동태탕을 드셨다. 엄마 옷도 여러 벌 사 왔는데 척 봐도 아버지 취향이 반영된 거였다. 엄마는 체격이 자그마하고 피부가 흰 편이어서 핑크나 블루 계통의 밝은색에, 여성스러운 옷이 어울리는데 사 온 옷은 대부분 밤색이나 회색으로 아버지가 즐겨 입는 색이었다. 디자인도 정장풍이어서 엄마한테는 도무지 어울리지 않았다. 몇 번 입다가 장롱 신세가 되고 만다. 내가 가끔 꺼내서 "엄마 이 옷 생각나?" 하고 펼쳐 보이면 엄마는 모른다고 하면서도 눈빛은 아득해 보였다.

서문시장 맞은편 정거장에서 버스를 갈아타면 팔달교 너머 우리 집에도 올 수 있었다. 교통이 좋지 않던 시절, 김치며 반찬 보따리를 이고 들고 집에 오시던 부모님이 생각난다. 아이들이 어려서 마중 나갈 수는 없고 택시를 타고 오시라고 해도 막무가내여서 마음을 졸였다. 엄마가 가져온 국과 반찬에 밥만 해서 점심상을 차려내다가 한번은 닭칼국수를 끓였다. 요리 방송에서 볼 때는 간단하고 쉬워 보였는데 완성해 놓고 보니 국물이 연하고 간도 맞지 않았다. 닭칼국수는 깊으면서도 담백한 국물 맛이 관건인데 그때는 그런 손맛을 낼 줄 몰랐다.

나무는 가만히 서 있으려고 해도 바람이 흔들고 자식이 부모에게 효도하려고 해도 이미 돌아가셔서 기다려주지 않는다더니, 그걸 이제야 깨닫는다. 다시 그때로 돌아갈 수 있다면 제대로 된 닭칼국수를 대접할 텐데, 그보다 더한 것도 해 드릴 텐데, 꼭 한번 그 시절로 돌아갈 수 있다면….

엄마에게 서문시장은 아버지와의 추억이 있는, 많지 않은 곳 중의 하나였으며 막내딸 집에도 갈 수 있는 추억의 환승역이었다. 새로 개통한 지상철도 태워드리고 아버지와 다녔던 건어물전과 옷 가게도 가볼걸, 엄마 맘에 드는 옷도 마음껏 사 드릴걸….

온천이니 휴양지니 계획만 세웠지 실제로 엄마와 여행한

적이 많지 않다. 이제 문밖을 나서기도 불안한 엄마에게 여행은 화중지병이 되고 말았다. 허송세월만 보냈다.

그리운 시절

 스산한 겨울 마당에서 무엇을 본 걸까. 마당을 응시하던 엄마가 김장 걱정을 한다. 더 추워지기 전에 서둘러야겠다는 말이 너무 또렷하고 태연스러워서 내 귀를 의심했다. 당신 손으로 김장 안 한 지가 몇 해 되었고 앞으로도 그럴 수 없을 거라는 걸 잊은 걸까.

 김장철이 다가오면 엄마는 먼저 마늘 두어 접을 물에 불려서 까기 시작했다. 낮에는 볕이 드는 뜰에서 까다가 해가 저물면 마루로 들고 갔다. 예전 친정집은 외풍이 세서 집 안에 있어도 어깨가 시렸다. 온종일 웅크리고 앉아 마늘을 까고 나면 허리는 끊어질 듯 아프고 손가락이 곱아서 펴지지도 않았다.

 햇고추 사서 하나하나 닦고 꼭지 따고 생강 씻어 껍질 까고. 그렇게 준비한 재료를 수레에 싣고 방앗간에 가서 빻아 오는 데도 며칠이 걸렸다. 젓갈 달이고 멸치에 갖은 재료 넣고 육수도 우려냈다. 엄마 혼자 무거운 솥을 가스 불에 들어 올리고 내리는 동안 정작 나는 달력에 표시해 놓은 '김장하는 날'만 기다리고 있었다.

한번은 엄마 심부름으로 청각과 굴을 사서 갔었다. 해거름에 엄마가 마당 수돗가에서 절인 배추를 씻고 있었다. 고무장갑을 끼면 어둔하다면서, 찬물에 손을 담그고 있는 모습을 보자 화가 났다. 왜 미리 전화하지 않았냐고 버럭 댔지만 말하지 않는다고 모를 일인가. 오빠들한테 내년부터는 각자 알아서 하자고 큰소리쳐놓고 막상 김장철이 되면 엄마표 김치가 생각나서 슬그머니 눈치를 봤다. 그러면 엄마는 '이번이 마지막이다'고 하면서 김장 준비를 서둘렀다.

지금은 대부분 절인 배추를 사다가 하지만 그전에는 집에서 직접 절였다. 먹을 것이 귀한 시절이었고 식구도 대식구이니 담그는 양도 많았다. 한 손에 잡히지도 않는 배추를 쪼개어 소금 뿌리고 뒤집다 보면 엄마가 먼저 절여 놓은 배추 같았다. 알맞게 절인 배추는 전날 씻어서 물을 빼야 한다. 엄마는 수돗가 옆에 딸린 다용도실을 깨끗이 청소한 다음 바닥에 통나무를 깔고 그 위에 커다란 소쿠리를 놓았다. 씻은 배추를 소쿠리에 차곡차곡 쌓은 후 밤사이 얼지 않도록 비닐로 덮고 나면 김장 준비가 얼추 끝난다.

다음날 자식들이 손주 앞세우고 들이닥치면 마당은 잔칫집처럼 북적거렸다. 마치 이산가족 상봉하듯 왁자지껄 인사가 오가고 나면 손주들은 강아지처럼 마당을 뛰어다녔다. 그제야 엄마는 잠시 엉덩이를 붙였다. 며느리들이 김치를 버무리기 위해 평상에 자리 잡고 앉으면 본격적으로 김장이 시작된다. 준비하는 과정에 비하면 양념 버무리는 건 일도 아닌데 나는 허리가 아프네, 장갑이 내려가네 하면서 엄살을 부렸다. 그것도 부모님이 계시고 친정이니까 할 수 있는 투정일 것이다.

소쿠리에 있는 배추를 평상까지 나르는 일은 아버지 담당이었다. 아버지가 배추를 들고 오면 올케 언니들은 살짝 일어나는 시늉을 하거나 수줍게 웃으며 송구한 마음을 대신했다. 엄마 말처럼 없는 집에 시집와서 고락을 함께하며 머리가 희끗해진 며느리들이, 여전히 시아버지를 어려워하고 조심성 있게 대하는 모습이 딸로서 고마웠다.

앞에 놓인 김치 통이 차면 새 통으로 교체하는 일은 사위

와 오빠들 담당이었다. 따로 모아둔 허드레 잎으로 김치를 잘 여민 다음 뚜껑을 닫아 집마다 표나게 쌓아두었다. 점심때가 가까워지면 창고에 있는 화덕을 꺼내 불을 피우는 것도 남자들 일이다.

솥에서 물이 끓으면 큰올케 언니는 수육을 하려고 손질해둔 돼지고기를 솥에 안쳤다. 고기 익는 냄새가 뭉근하게 퍼질 때면 그 많던 배추도 바닥을 보이기 시작한다. 아버지는 중간에 배추가 얼마나 남았는지 알려주는 것도 잊지 않으셨다. 그러면 우리는 양념을 아껴 바르기도 하고 인심 쓰듯 더 바르기도 하며 조절했다. 무는 큼직하게 썰어 소금을 뿌려놓았다가 남은 양념으로 대충 버무려 뒤란으로 옮겨졌다. 배추김치 맛이 한물 떨어지는 정월쯤 알맞게 삭은 무김치를 꺼내놓으면 밥도둑이 따로 없다.

사실 아버지가 김장 일을 거든 적은 당신 말년에 두세 번이 전부였다. 밖으로 나돌던 아버지는 늘그막에서야 집에 계시는 날이 많았다. 엄마를 도와 밥상을 들어주기도 하고 고장 난 살림살이를 손봐주기도 하면서 김장에도 참여하신 것이다.

다음날 친정에 갔더니 두 분이 수돗가에서 김장 설거지를 하고 계셨다. 언니들이 정리를 한다고는 하지만 결국은 엄마 손이 가야 끝이 난다. 엄마가 소쿠리를 수세미로 씻어주면 아버지가 받아서 호스 물로 헹궈 바람 잘 통하는 응달에 세워놓았다. 아버지가 뭐라고 하셨는지 엄마가 목을 젖히고 웃었다.

 엄마가 금방이라도 마당으로 나설 듯 몸을 일으키다가 힘없이 주저앉는다. 두리번거리며 집안 이곳저곳을 살피다가 마당으로 시선을 돌린다. 가물거리는 세월 저편에서 차마 놓아버리지 못하는 것이 김장하는 날인가 보다. 그날의 기억에서 엄마가 정녕 부여잡고 싶은 것은 무엇이었을까.

4장
잃어버린 언어

임서방은 잘 있나

 엄마의 말수가 부쩍 줄었다. 인지 저하로 인한 언어장애란 걸 알면서도 마음이 편치 않다. 같은 질문을 반복하는 것도 그와 무관하지 않은지 내가 가면 사위 안부를 오 분 간격으로 묻는다.
 "임 서방은 잘 있나?"
 "응, 잘 있어 엄마."
 "임 서방은 잘 있나 그래?"
 "그으럼요, 회사 잘 다니고 건강하게 잘 있으니 걱정마요."
 이러는 엄마가 낯설고 가슴 아프지만, 나는 알아듣기 쉬운 말로 대답한다. 임 서방을 김 서방이나 박 서방으로 부르지 않는 것만 해도 어딘가. 임 서방이 보고 싶으냐고 물으니 또렷하게 "그래 저녁 먹으러 오라고 해라"고 하신다. 저녁 먹으러 오라는 엄마 말에 문득 오래전 일이 생각났다.
 예비 사윗감이 온다니 엄마는 부엌에서 저녁 준비를 하고 아버지는 안방에서 기다리고 계셨다. 두 분께 인사를 드리고는 아버지와 임 서방은 안방에 남겨둔 채 엄마와 나는 부엌으로 갔다. 엄마가 정성껏 차린 밥상에 둘러앉아 밥을 먹고 기분 좋게 대구로 왔다. 며칠 후 아버지가 그 사람하고 당장 집으로 오라며 전화를 하셨다. 뭔가 좋지 않은 예감이 들었지만, 물어볼 엄두도 내지 못하고 퇴근하는 임 서방을 만나 집으로 갔다. 아버지는 인사도 받지 않고 쪽지 하나를 내밀었다.

처음 인사드리러 간 날, 아버지가 임 서방에게 이것저것 물으셨던 모양이었다. 고향이 어디며 가족관계는 어떻게 되고 무슨 일을 하는지, 틀림없이 본가 주소도 대라고 하셨을 것이다. 예전에는 집 앞에 남학생이 얼씬거리기만 해도 '아버지가 누구냐며 다리 몽댕이를 분지른다'는 어른이다. 서른이 되도록 결혼할 생각조차 않는 막내딸이 웬 남자를 데리고 왔으니 궁금한 것이 많았을 것이다.

며칠 뒤 아버지는 쪽지를 들고 집을 나섰다. 칠순이 가까운 연세에 버스를 갈아타고 물어물어 도착해 보니 마산 어느 외진 곳이었다고 하셨다. 마을은 고사하고 허허벌판에 공장인지 창고인지 모를 건물만 다문다문 있더라고…. 그때 갑자기 임 서방이 무릎을 꿇고 납작 엎드렸다. 전라도 여수가 본가이고 부모님과 큰형님 가족이 농사를 지으며 살고 있다고 했다. 전라도라고 하면 허락을 안 하실 것 같아서 대구 오기 전에 잠시 거처했던 주소를 댔다고 했다.

 방안에는 일촉즉발의 위기가 감돌았다. 당장 아버지 옆에 있는 목침이 날아와도 할 말이 없는 상황이었다. 멀리서나마 동네 인심을 살피고 사돈 될 집안을 수소문하려 했던 아버지의 바람을 무참히 깨버린 임 서방이 원망스러웠다. 당연히 결혼은 물 건너간 일이라고 생각했다. 침묵이 흘렀다. 침묵이 목침보다 더 공포스럽기는 처음이었다. 그런데 평소라면 불호령이 떨어지고도 남았을 아버지가 의외의 말씀을 하셨다. 성실해 보이고 배짱도 있는 것 같으니 결혼을 허락하겠다는 것이었다. 지역감정을 조장하고 이용하는 사람들이 문제라며 오히려 임 서방을 두둔했다.

 삼십 년 전 이야기이니 지역감정이 무척 심하던 때였다. 대구 사람이 광주에 가면 식당에서 문전박대하고, 전라도 사람이 경상도에 오면 주유소에서 기름도 팔지 않는다고 할 만큼 지역 간의 벽이 높았다. 임서방의 임기응변식 거짓말이 오히려 결혼을 앞당기는 결과가 되고 말았다. 고지식하고 보수적인 아버지가 그런 생각을 하실 줄은 몰랐다. 아마 과년한 딸이 혼기를 놓칠까 봐주신 것 같기도 했다.

신혼 초에 부모님과 외식하는 자리에서 아버지가 그러셨다. 그날 마산까지 갔다가 헛걸음하고 와서 당장 전화하려는 걸 엄마가 말렸다고 한다. 자고 내일 해도 늦지 않다고, 그러면서 총각이 밥을 참 맛있게 먹더라는 말도 여러 번 하더라고 했다. 아버지의 성격을 모르지 않는 엄마가, 듣고 보니 화낼 만한 일이기도 하지만, 딸을 생각해 한 번 더 기회를 주자고 판단했던 것 같다. 잘 알지 못하는 총각에 대해 달리 할 말은 없고 아버지의 화는 가라앉혀야 하니, 밥을 맛있게 먹더라고, 인상이 순해 보인다며 요즘 말로 플러팅을 하신 모양이었다. 그때 일을 생각하면 지금도 웃음이 난다.

장가들겠다고 전라도가 고향이라는 말도 못 했던 임 서방도 어느덧 그때의 아버지 나이가 되었다. 살아갈수록 진국인 사람이다. 부모님께도 듬직한 사위였다. 기억이 가물가물한 옛날 일을 모른다고 하면서도 엄마는 또 임 서방 안부를 묻는다.

"임서방은 잘 있나?"

친정

 한동안 두문불출했더니 친구들로부터 살아있냐는 전화가 온다. 안부를 주고받으며 수다를 떨다 보면 자연스럽게 친정엄마 이야기를 하게 된다. 낙상으로 수술한 이야기부터 간병 때문에 당분간 얼굴 보기 어렵겠다고 말한다. 친구들은 고생한다, 잘해 드리라고 하면서도 '딸이니까 하지 며느리는 못해'라고 한다.

 딸은 당연히 해야 한다는 소리로 들려서 서운할 때도 있지만 그 마음은 잠깐이다. 결혼하기 전부터 친정에 다니러 가면 차비만 남기고 주머니를 비우고 와야 돌아오는 발걸음이 가벼웠다. 형편이 넉넉지 않았던 신혼 때에도 부모님 용돈은 챙겨드려야 마음이 편했다. 친정은 생각만 해도 따뜻하고 그리운 곳이지만 한편으론 마음 한구석이 불편했던 것도 사실이다.

 엄마에게 친정은 어떤 곳일까. 내가 태어났을 때는 외갓집과 외가 친척이 나란히 이웃해 살았다. 외갓집은 논농사가 많고 이모 집은 수박 농사를 크게 했다. 여름이면 나는 이종오빠가 모는 경운기를 타고 낙동강 근처에 있는 수박밭에 따라가곤 했다. 농사를 짓지 않았던 우리 집에서는 경험할 수 없는 소중한 추억이었다. 이글거리는 태양과 끝없이 펼쳐진 초록 들판, 가슴 속까지 파고들던 시원한 바람, 그 원색의 계절은 지금도 잊을 수가 없다.

막걸리 도매업을 하는 작은외삼촌도 경제적으로는 부족한 것 같지 않았다. 농사지을 땅 하나 없는 우리 집 형편이 제일 못했을 것이다. 엄마는 여덟 식구 일용할 양식 걱정으로 마음 편한 날이 없었다. 우리 집 밑에 구멍가게가 하나 있었다. 동네 아주머니들이 종종 쌀 한두 됫박 들고 와서 필요한 생필품으로 바꿔 가는 곳이다. 엄마는 며칠에 한 번씩 그곳에서 쌀을 사 왔다. 조금만 더 가면 외갓집이 있지만 외려 외가 식구들이 볼까 봐 조심했다. 몇 집 건너에 있는 이모 집도 마음으로 멀기는 마찬가지였다.

어쩌다가 큰외삼촌과 아버지가 삼거리주점에서 만나면 끝에는 꼭 큰소리가 났다. 별것 아닌 일에 견해차를 보이다가 언성이 높아졌다. 아버지는 은근히 외삼촌과 외가 쪽을 무시하는 경향이 있었고, 외삼촌은 처자식 건사도 못하면서 밖으로만 나도는 매제가 미웠을 것이다. 그런 일이 있고 나면 집안은 전운이 감돌았고 엄마와 외숙모, 이모는 왕래를 자제했다. 더는 분란 거리를 만들지 않으려는 이유였다. 차라리 친정이 멀리 있는 것만 못했다.

이유 없이 밥상이 날아와도 남세스럽다고 참기만 하던 엄마가 아버지에게 대드는 경우는 아버지가 외가를 좋지 않게 말할 때였다. 엄마는 '왜 가만히 있는 친정 욕을 하느냐, 내 오래비가 밥을 달라더냐 돈을 달라더냐'며 끝내 눈물을 보였다. 당신이 무시당하는 건 참아도 친정을 무시하는 데는 참지 않았다. 친정은 마지막 자존심이었고 그래서 잘사는 모습만 보여주고 싶었는지 모른다.

결혼한 여자에게 친정은 뭘까. 친정은 마음의 본향이요, 멀리 있어도 바람을 막아주는 울타리 같은 것이다. 부모님으로부터 피붙이로 태어나 자라고 성장한 곳이니 그 애틋함을 어디에 비하랴. 세상살이가 힘들 때 찾아갈 친정이 있다면 얼마나 큰 위안이 되겠는가.

예전에 친구들과 점집에 간 적이 있다. 자신의 운명을 미리 알 수 있다기에 호기심에 갔는데 신기하고 재미있었다. 남산동의 어느 점집으로 기억한다. 머리가 허연 역술가가 '아가씨는 친정 걱정하고 살 팔자'라고 해서 친구들과 웃었던 생각이 난다. 결혼할 나이가 한참 멀었고 친정이라는 단어조차 어색했던 때다.

  부모 자식은 끊을 수 없는 관계이고 가족으로 살아가야 하는 숙명이다. 그렇다고 해도 내가 친정 걱정을 팔자처럼 이야 했을까. 지적에 친정이 있어도 마음대로 갈 수 없었던 엄마에 비하면 내가 친정 걱정한다는 것이 가당키나 한 소린가. 하지만 고난의 세월을 이겨내고 구순에 병이 들어 홀로 생활하는 친정엄마가 목에 가시처럼 걸리는 것은 사실이다.

  낡고 허물어져 가는 친정집을 새로 단장했지만, 그곳을 지키는 엄마가 떠나고 나면 과연 친정이라고 할 수 있을까. 걱정이 홀가분하게 사라질지는 모르겠지만 나에게 친정이란 공간은 어떤 의미로 남을까.

목소리

  "버섯이 왔습니다. 영양 많고 맛 좋은 참나무 표고버섯이 왔습니다. 구워 먹고 볶아먹고 생으로도 먹는 싱싱한 표고

버섯을 오늘 하루만 싸게 팝니다. 깨끗한 환경에서 정성껏 재배한 버섯이니 지금 나오셔서 구경하세요."

이른 시간, 거리에서 들려오는 소리가 도심의 아침을 깨운다. 가로수에 가려 보이진 않는데 버섯 장수가 온 모양이다. 또박또박하면서도 꾸밈없는 젊은 여자의 목소리가 갓 따낸 버섯처럼 싱그럽다.

코로나가 오기 전에는 트럭에 야채나 과일을 싣고 팔러 오는 상인을 종종 볼 수 있었다. 입맛대로 상가가 들어서 있는 도심에서 향수를 느끼게 해주었다. 후레지아나 카네이션 같은 제철 꽃을 곁들여 올 때도 있어서 트럭 주변이 아기자기하고 활기가 돌았다. 그들도 산지에서 직송해 온 청과라는 점을 강조하고 품목을 열거하며 사람들을 불러 모았다. 투박하지만 정감이 느껴지는 목소리는 교차로와 인접해 있는 고층 아파트의 창문을 열게 했다. 집안일을 하는 틈틈이 구경하는 재미가 쏠쏠했다. 저녁때가 되면 슬리퍼를 끌고 내려가 저녁 찬거리나 노란 고무줄로 동여맨 후레지아를 사 오곤 했다.

엄마도 오래전에 행상을 한 적 있다. 옆집 아주머니를 따라 부산으로 가서 참기름 집에서 기거하며 참기름을 팔러 다녔다. 그 시절에는 동네 아주머니들이 추수 끝나기 바쁘게 행상을 떠났다. 두세 사람씩 짝을 지어 잡다한 생필품을 떼가서 산지 물건과 바꿔오는 일종의 물물교환이었다. 우리 동네 아주머니들은 주로 영양에 가서 고추로 바꿔왔다. 어릴 때여서 자세한 내막은 몰라도 '고추 하러 간다'는 말은 많이 들었다. 추수가 끝나자마자 준비해서 가면 윗지방의 고추 수확 시기와 얼추 맞아떨어졌다. 그렇게 해온 고추는 김장 때 쓰고도 겨우내 먹을 양이 되었다. 아주머니들은 해마다 하던 일이라 요령도 있고 일 년에 한 번으로 끝나는 일이다.

하지만 엄마는 사정이 달랐다. 당신이 벌지 않으면 안 될 형편이었다. 그렇긴 해도 체구도 작고 성격도 조용하고 내성적인 엄마가 어떻게 낯선 그곳까지 가서 행상할 생각을 했을까. 무거운 바구니를 이고 들고 종일 이 골목 저 골목 헤매고 다녔을 생각을 하면 지금도 가슴이 아린다. 돈을 벌거나 식구들을 건사하는 데 무관심했던 아버지가 원망스럽기도 했을 듯하다. 하지만 날이 어두워지고 또 하루가 지나면 자식들이 기다리는 집으로 돌아갈 날을 손꼽으며 다시 힘을 냈을 것이다.

굽이굽이 고난의 시절을 이겨내고 구순에 이른 엄마는 치매로 언어소통이 어렵다. 엄마, 부르면 대답 대신 힘없이 눈길만 돌린다. 이대로 영영 말문을 닫을까 봐 자꾸 말을 걸어 보지만 옹알이 같은 소리만 낸다. 어쩌다가 정신이 돌아와 또렷하게 한두 마디 할 때는 기뻐서 눈물이 날 지경이다. 엄마 목소리가 이토록 그리운 날이 오리라고는 짐작하지 못했다.

농사를 지으며 삼대가 생활하는 시집의 살림살이는 도시에서 소꿉놀이하듯 하는 내 살림살이와는 비교가 되지 않았다. 큰동서는 밥을 해도 큰 솥에 한 솥 했다. 김치를 담가도 두세 가지는 기본이고 형제들과 나누려면 양도 많았다. 동서가 큰 양푼에 쌀을 담아 씻는데 손을 휘휘 저을 때마다 입에서 휘파람 같은 바람 소리가 났다. 절인 배추를 씻거나 빨래를 치대고 힘겨운 농사일을 할 때도 그런 소리가 났다. 동서는 "나도 모르게 그러네" 하며 웃었지만, 맏며느리의 고된 삶을 어찌 모를까. 그 소리가 잠시나마 고단함을 잊게 하는 일종의 노동요였는지 모르겠다. 평생 가족을 위해 몸을 아끼지 않았던 동서는 이제 이 세상에 없는 사람이다. 그의 존재와 함께 목소리도 사라졌다. 다시 들을 수 없는 목소리는 더 간절하고 그립다.

목소리는 '마음이 내는 소리, 마음의 힘'이라는 말이 있다. 목소리는 단순히 성대를 통해 내는 소리이며 음색은 저마다 천성적으로 타고나는 줄 알았다. 그런데 돌이켜보면 목소리는 마음의 힘이 맞다. 엄마가 먼 객지까지 가서 "참기름 사이소"를 외칠 수 있었던 것은 마음의 힘이 작용하지 않고는 불가능한 일이다. 자식을 위해서라면 자존심도, 못 할 일도 없는 사람이 어미라지 않는가.

거리가 횅하다. 해는 중천을 향해가는데 사람들의 왕래조차 뜸하다. 코로나 여파로 식당들이 문을 닫고 학교와 단체급식이 취소되면서 식자재를 소비하지 못한 농가의 피해가 심각하다고 한다. 버섯 장수, 그녀가 길거리로 나선 것도 그런 이유가 아닐까. 발걸음을 부르는 저 소리를 따라간다. 그녀도 자식을 둔 엄마일 게다. 저건 분명 어머니의 목소리다.

모자지간

주말에 셋째 오빠가 엄마를 보러왔다. 양손에는 봉지가

들려있다. 청도에 살고 있는 오빠는 올 때마다 청도 추어탕과 가창 만두는 기본이고 철에 따라 청도 복숭아와 한재 미나리도 사 온다. 근래에는 호박죽도 몇 번 포장해 왔다. 오빠가 먹어봐서 맛이 있고 엄마가 좋아하겠다 싶으면 잊지 않고 사 온다. 식당 주인이 농사를 지어 정성껏 쑤었다는 호박죽은 맛도 좋을 뿐 아니라 노르스름한 색이 보는 사람의 마음도 순하게 한다. 내게 봉지를 건네준 오빠는 엄마 옆에 앉아서 조곤조곤 이야기하며 안마도 해 드리고 간단한 운동법도 가르쳐준다. 그사이 내가 만두나 과일을 접시에 담아오면 오빠는 포크로 다시 잘게 잘라서 엄마 손에 쥐여준다.

형제 중에서도 셋째 오빠는 엄마를 더 끔찍이 생각한다. 모자간의 끈끈한 애정을 넘어 칠팔십 년대 우리 가족의 보릿고개를 함께 넘어온 전우애가 있기 때문이 아닐까 싶다. 오빠는 독학으로 학업을 마치고 군대에 지원 입대하였다. 삼 년의 군 복무를 마치고 돌아왔지만 집안 사정은 나아진 것이 없었다. 오히려 엄마가 집을 떠나 부산에서 행상을 한다는 걸 알고 가슴 아파했다. 얼마 후 오빠도 부산에 있는 모기업에 취직이 되어서 갔다.

오빠는 먼 친척 집 문간방에 기거하며 직장에 다녔다. 일과 후에 모자가 잠깐씩 만나 서로를 걱정하며 의지가 되기도 했을 테니 얼마나 애틋했으랴. 훗날 친척 집 문간방을 비워 줘야 할 상황이 되었을 때는 아예 엄마가 기거하는 참기름 집 근처에 방을 구했다. 허름한 다락방은 불편할 뿐만 아니라 직장과도 거리가 멀었다. 하지만 엄마와 가까이 있고 싶은 마음에 힘들어도 견딜 수 있었다고 했다. 몇 년 후 엄마는 행상을 그만두고 집으로 오셨고 오빠는 부산에 남아 자리를 잡았다. 직장에서 인정받아 승진을 거듭하고 자기 사업을 하면서 집안의 기둥 역할을 했다.

오빠는 삼 년 전에 상처했다. 올케언니의 병세가 짙어지면서 공기 좋은 청도에 집을 지어 이사했지만, 언니는 끝내 세상을 떠나고 말았다. 부부 금실이 좋고 언니의 내조가 지극했던 만큼 빈자리가 컸다. 당장 생활하는 데 어려움이 많았다. 밥을 어떻게 짓는지, 세탁기는 어떻게 사용하는지…. 두 조카는 결혼해서 타지에 살고 우리 형제들도 마음만 있지 실질적인 도움이 되지 못했다. 언니 장례를 치르고 조카들이 각자의 자리로 돌아간 후 오빠는 '큰형님이 부럽다'는 말을 자주 했다. 부모 자식이 가까이 살면서 자주 만나 밥 정 나누고 손자들 재롱 보며 사는 것이 행복 아니겠냐고.

사업상 밖에서 밥 먹을 일이 많은 오빠는 집밥을 좋아한다. 그중에서도 엄마가 끓인 된장찌개와 매운 고추 송송 썰어 넣은 부추전을 무척 맛있어 했다. 가족이 모이는 날에는 다른 특별한 요리가 있어도 된장찌개와 부추전은 빼놓지 않고 한다. 별다른 재료 없이 멀겋게 끓인 된장찌개가 어찌나 시원하고 깊은 맛이 나던지, 나는 먹고 남은 찌개를 집에 싸 오기도 했다.

비빔밥도 엄마가 비벼주면 더 맛있었다. 똑같은 재료를 같은 비율로 넣고 비벼도 내가 비비면 맛이 없다. 엄마한테 비법이 뭐냐고 물어보면 웃으며 '그냥'이라고 했다. 나중에 자세히 물어봐야지 했는데 이젠 영영 그 맛을 볼 수도 없고 레시피도 알 길 없다.

친정집은 농사를 짓지 않지만, 시집은 농사가 많았다. 마당을 지나 외양간 옆에 있는 쪽문을 열고 나가면 넓은 텃밭이 나온다. 시금치 상추 마늘 고추 갓, 가장자리에는 두릅나무 감나무 과실수 등 없는 게 없다. 식재료의 보고처럼 느껴졌다. 갈 때마다 큰동서가 제철 채소를 한 자루씩 담아주는 바람에 어쩔 수 없이 가져왔다. 집에 와서 다듬다가 조그만 벌레라도 나오면 그대로 싸 들고 친정으로 갔다. 징징대며 자루째 멀찌감치 밀쳐놓으면 엄마는 그런 내가 우습다는 듯이 "얘는 배추벌레가 뭐 무섭다고" 하면서 두고 가라고 했다. 이삼일 뒤에 엄마 전화를 받고 가보면 속배추는 김치로, 허드레 잎은 데쳐서 봉지봉지 담아놓았다.

여름에 무덥고 식구들이 입맛 없어 할 때는 엄마표 미숫가루가 간절히 생각난다. 우유에 타서 꿀 한 숟가락 넣고 시원하게 해서 마시면 땀도 마르고 속이 든든하다. 시중에서 파는 미숫가루는 그 맛이 나지 않는다. 속이 부대낀다. 곡물을 빻아서 가루로 만드는 건 방앗간 기계가 하지만 그전에 어떤 재료를 어떤 식으로 익혀서 얼마만큼의 비율로 배합하는지는 엄마 손에 달렸다. 어리석게도 언제까지나 엄마가 해주는 미숫가루나 요리를 먹을 수 있을 줄 알았다. 그렇지 않은 날이 온대도 그건 아주 먼 훗날의 일이라고 막연히 생각했다. 진즉에 레시피를 물어서 알아둘걸, 다음에 물어봐야지 했는데, 다음은 없다.

오빠는 대구 쪽으로 출장 올 일이 있으면 잠깐 틈을 내서 엄마를 보고 간다. 함께 밥 먹을 시간 여유도 없이 잠시 앉았다가 일어날 때가 대부분이다. 요양사로부터 오빠가 다녀갔다는 말을 들으면 혹 끼니를 거르고 오진 않았을까 걱정

된다. 미리 전화를 주었다면 친정에 가서 밥을 해 놓고 기다릴 텐데. 요양사한테 오빠 밥까지 부탁할 수도 없고, 오빠도 남한테 폐 끼치는 건 못 하는 사람이다.

철학자 조시아 로이스는, 인간은 단순히 존재하기만 하는 것, 안전한 환경에서 단순히 의식주만 제공받는 것은 공허하고 의미 없다고 느낀다. 어떤 일에 대의를 부여하고 그것을 위해 희생할 만한 가치가 있다고 생각할 때 삶에서 의미를 찾는다고 한다.

엄마는 우리가 간다고 하면 몸이 아파도 일어나 밥부터 지었다. 자식이 먹을 밥이야말로 엄마에겐 대의였고 살아야 할 이유였을 것이다. 오빠가 온다고 하면 힘을 낼까. 지금 오빠에겐 엄마가 필요하다고, 엄마가 끓인 된장찌개가 힘이 될 거라고 하면.

휠체어

엄마 혈압약을 타러 가는 날이다. 대리 약 처방은 두 달 치까지만 가능하다. 환자가 가야 약을 탈 수 있다. 마침 요양사도 병원 근처에 볼일이 있다고 해서 밖에서 점심을 먹고 각자 볼일을 보기로 했다. 엄마도 매일 먹는 집밥이 물릴 테고 더운 날씨에 고생하는 요양사의 수고도 덜 겸 해서다. 엄마가 거동이 어려워진 후로 외식하기가 쉽지 않다. 아침에 친정에 왔더니 요양사가 갑자기 일이 생겼다며 점심은 모녀만 먹어야겠다고 했다. 모처럼의 외식에 들뜬 마음은 고사하고 난감하다. 일단 나가보자며 휠체어를 싣고 병원이 있는 읍내로 왔다. 바쁘다는 요양사를 먼저 버스정류장에 내려주고 나니 막막하다.

오늘 가려던 버섯 식당은 예전에 엄마하고 자주 갔던 추억의 장소다. 꼭 가고 싶었던 곳인데 혼자서는 엄두가 나지 않는다. 식당이 신발을 벗고 올라가는 구조인 데다 턱이 높고, 인근에 관공서가 많아 점심시간에는 늘 만원이다. 그런 곳에 혼자 힘으로 휠체어를 밀고 들어가기가 엄두가 나지 않는다.

차를 돌려 다른 식당으로 갔다. 이곳은 가게가 넓고 깨끗할 뿐만 아니라 음식 맛도 좋고 친절했다. 그런데 문이 굳게 닫혀있고 관공서 신축으로 철거한다는 안내장이 붙어있다.

병원 예약 시간에 맞추려면 멀리 갈 수도 없고 근처에는 갈 만한 곳이 생각나지 않는다. 결국은 다시 돌아와 우리 동네 중국집으로 갔다. 엄마가 자장면을 좋아해서 가끔 배달시켜 먹긴 해도 식당에 와보기는 처음이다. 다행히 휠체어가 바로 들어갈 수 있고 손님도 많지 않았다. 하지만 병원 예약 시간이 촉박해 먹는 둥 마는 둥 하고 나왔다. 밥 한번 먹기 힘들다. 이동권을 보장하라는 장애인들의 고충이 이해된다. 우리야 어쩌다 겪는 불편이라고 쳐도 그들에게는 매일 같이 반복되는 일상일 테다.

엄마가 휠체어를 타게 되면서 가장 큰 문제가 이동이다. 스스로 움직일 수 없고 게다가 뼈가 약한 노인을 안전하게 차에 태우고 내리는 일은 어렵고 위험한 일이다. 가급적 외출을 자제하고 집 안에 있어야 하는데 그렇게 되면 신체 건강뿐만 아니라 정신 건강까지 나빠질 수 있다. 지금은 엄마를 모시고 병원에 가려면 두 사람 이상은 동행해야 한다. 운전하는 사람과 휠체어에 태워서 병원 가서 접수하고 기다리는 사람은 기본이다. 어쩔 수 없이 대로변에 차를 세울 경우는 안전요원도 필요하다. 겨울에는 옷만 해도 한 짐이다. 짐 들어줄 사람도 있으면 좋다. 포시라워서 하는 말이 아니다.

엄마를 돌보면서 체험하고 느낀 점을 간곡하게 말하는 것이다.

교통약자의 이동 편의를 위한 지원 서비스가 있다고 해서 알아보았더니 웬걸 그림의 떡이었다. 출발지와 도착지가 같은 관할 구역이라야 가능하다고 한다. 만약 엄마가 팔공산에 있는데 가려고 하는 병원이 칠곡이면 이용할 수 없다는 말이다. 팔공산은 행정구역이 경상북도인데 칠곡은 대구이기 때문이다. 그래도 이용하겠다면 지역 경계에서 내려야 한다니 얼마나 웃기는 이야기인가.

예산을 지원하고 관리하는 부처가 달라서 그렇다는데 그런 문제를 해결해서 시민의 불편을 최소화하는 것이 그들이 할 일 아닌가. 서울이나 부산을 가겠다는 게 아니잖은가. 초고령 사회 진입을 앞두고 노인들의 이동은 또 어쩔 것인가. 제도를 위한 제도가 아니라 이동 거리를 확대하고 이동 수단을 늘리는 등 현실에 맞는 정책이 시급할 것이다.

길

 엄마가 낙상 사고를 당할 무렵에 친정집 앞은 도로 정비 공사가 한창이었다. 당장 병원에 모시고 가야 하는데 굴착기가 대문 앞까지 파헤치고 있어서 한 사람이 지나가기도 어려웠다. 차가 집 앞까지 갈 수도 없고 엄마를 부축해서 나오는 것은 더욱 엄두가 나지 않았다. 어떻게 할지 몰라 올케언니와 애를 태우고 있는데 굴착기 기사가 시동을 끄고 내려오더니 엄마를 업어주겠다고 했다. 언니와 내가 걱정하는 말을 들은 모양이었다. 그렇게 고마울 수가 없었다. 내가 최대한 집 가까이 차를 가져오는 동안 그분은 엄마를 업고 차 있는 곳까지 왔다.

 사람들이 하나둘 정착하면서 길이 생겼는지 애초에 길이 있어 마을이 생겼는지는 알 수 없지만, 그 길은 내가 아장아장 걸어 처음 대문을 나서면서 만났던 최초의 길이다. 누런 멍석을 펼쳐놓은 듯 울퉁불퉁하고 데데하게. 길을 따라 다닥다닥 붙은 집들도 볼품없기는 마찬가지였다. 그래도 집과 길 사이에 작은 도랑이 있어서 사철 맑은 물이 졸졸 흘렀다. 소금쟁이 풍뎅이도 있었다. 친구들과 도랑에서 물장난하며 놀다가도 양복을 빼입고 출타하는 아버지를 발견하면 따라가겠다고 떼를 쓰다가 길바닥에 뒹굴었다. 하루에도 몇 번씩 소달구지가 지나가고 소똥이 군데군데 있어도 더럽다는 생각은 하지 않았다.

늦은 밤, 술에 취한 아버지는 그 길을 걸어 집으로 오셨다. 가장이 귀가하기 전인데 자식들이 잠을 자는 건 있을 수 없는 일이다. 깜빡 잠이 들었다가도 삼거리 대장간 앞을 지나오는 아버지의 헛기침과 구둣발 소리가 지축을 울리면 용케 알고 눈이 떠졌다. 흥부네 자식들처럼 추레한 내복 바람으로 마당에 줄을 서서 아버지가 마루에 오르기를 기다렸다.

아버지의 귀가 시간이 늦어지면 질수록 집안에는 폭풍전야의 긴장감이 돌았다. 기어이 큰소리가 나고 밥상이 마당으로 날아갔다. 그런데도 오빠들은 아버지를 그저 말리기만 할 뿐, 당신의 부당한 행동에 대해서는 말하지 않았다. 보다 못한 내가 아버지께 대들었다. 아마 중학교 2학년이었을 것이다. 도대체 왜 그러시냐고, 왜 엄마한테 폭력을 쓰냐고, 엄마가 뭘 잘못했느냐고 악을 썼다. 예상치 못한 막내딸의 반격에 아버지는 더욱 노발대발하셨고 결국 화살은 엄마에게 돌아갔다. 나는 마당에서 깨진 그릇을 수습하다가 달려온 엄마에게 등짝을 얻어맞고 부엌으로 끌려갔다. 엄마가 그렇게 무서운 표정을 하기는 처음이었다. 가장의 주사보다 딸자식 잘못 키웠다는 소리가 더 무서운 세상이었다. 결국 엄마와 나는 쫓겨났다. 쫓겨났다기보다 아버지 눈에 띄지 않는 것이 상책이므로 내 발로 걸어 나왔다. 나 때문에 아버지의 트집거리를 하나 더 추가한 것 같아 엄마에게 죄송했다. 길을 서성이다가 담벼락에 기대기도 하면서 아버지가 잠들 때를 기다렸다. 불 꺼진 이웃집이 부러웠다. 달빛을 받아 하얗게 빛나는 길 위에 발소리 죽여 서 있노라면 다리도 아프고 눈물도 났지만 한편 마음은 편안했다.

길은 하루도 조용한 날이 없었다. 아이들이 해종일 뛰어놀다 집으로 가고 나면 술에 취한 어른들이 고래고래 소리를 지르며 집으로 돌아갔다. 하지만 어둠이 깊어져 처녀 총각이 담 밑으로 조용조용 걸어갈 때는 흐뭇하기도 했을 것이다.

안 골목에 사는 엄마 친구는 누구보다 먼저 길을 나서는 사람이었다. 아주머니는 키가 크고 이목구비도 뚜렷하고 목소리도 크고 오지랖도 넓은 편이다. 도무지 정반대의 엄마와 어떻게 절친이 되었는지 모르겠다. 아저씨는 애처가로

소문난 사람이다. 그 시대에 보기 드물게 집안 살림도 아저씨가 다 한다는 말이 있었다. 아주머니는 아침 일찍 우리 집에 올 때도 있었다. 올 때도 그냥 오지 않았다. 배꼽마당에서부터 오빠들 이름을 부르면서 왔다. 아침부터 술내를 풍기며 콧노래를 부를 때도 있었다. 그래도 싫지 않았던 것은 아주머니가 오면 냉랭하던 집안 분위기가 조금은 풀렸기 때문이다. 엄마와는 다르게 남 신경 쓰지 않고 할 말 다 하는 아주머니를 보면 내 속이 뻥 뚫렸다. 웃을 일 많지 않은 엄마가 손으로 입을 가리며 활짝 웃는 것도 아주머니와 있을 때였다. 저세상 가신 지 오래건만, 배꼽마당을 지나 우리 집으로 걸어오던 모습이 지금도 눈에 선하다.

원래 있던 길이라고 해도 부잣집과 가난한 집 앞의 길은 차이가 났다. 농사가 많은 집은 번질나게 달구지가 드나들어야 하고 농기구를 보관하거나 곡식을 말리기 위해서도 더 많은 공간이 필요했다. 자연스럽게 길의 일부분을 자기네 땅인 양 행세했다.

벼농사가 전부였던 마을에 수박 하우스가 유행처럼 번졌다. 수입이 늘면서 초가지붕이 슬레이트 지붕으로 바뀌고 달구지 대신 경운기가 돌아다녔다. 짐을 실은 트럭이 오가고 집들이 커질수록 길은 점점 작아지고 패이고 흙먼지만 자욱했다. 몇 년 전부터 군에서 도로 정비를 한다고 집마다 붉은 표시를 했다. 친정집은 뒤란 일부만 포함되었지만, 마당이 반으로 줄거나 안채가 포함되는 집도 있었다. 찬성과 반대가 엇갈렸다. 부침개 하나도 나눠 먹던 소박한 인심이 갈라진 길바닥처럼 벌어졌다.

엄마가 병원으로 갈 때 시작했던 공사가 여섯 달 만에 완공되었다. 비어 있는 집도 살필 겸 나는 수시로 친정에 들러 공사 진행 상황을 엄마한테 보고했다. 우리 집 앞에 깜짝 놀랄 일이 벌어지고 있으니 기대하시라, 개봉박두! 엄마가 집으로 돌아왔을 때는 정말로 일부러 날짜를 맞춘 것처럼 공사가 끝나고 카펫처럼 아스팔트가 깔려있었다. 매끈하게 포장된 블랙의 그 시크함이란. 나는 벅차오르는 감정을 누르지 못하고 차를 세우자마자 엄마 얼른 나와 봐요, 길이 우리 집보다 더 깨끗하고 좋아, 하고 소리 질렀다.

뒷집은 마당이 반이나 줄었지만 그런대로 아담했다. 안채 일부가 도로에 편입된 내 친구 집은 아예 집을 허물고 과실수와 채소를 심었다. 자식들은 도시에 나가 살고 아지매는 요양원에 계셔서 더 이상 집이 필요 없는지도 모른다. 공사 기간 내내 애옥한 살림살이를 마당에 쌓아놓은 채 불편을 감내했던 길 가 사람들이 새로 창고를 짓고 담장을 쌓느라 더위도 잊었다. 길바닥에 퍼질러 앉아 누군가 내온 수박을 나눠 먹고 막걸리 잔을 부딪친다.

여자의 본성

엄마 머리가 길어 텁수룩하다. 나이가 들면서 신체의 모든 기능이 퇴화하는 데 비해 손발톱이나 모발은 그렇지 않아 신기하다. 모발은 나보다도 더 잘 자라는 것 같다. 친정 동네 입구에 대단지 아파트가 들어서면서 미용실 가기가 그나마 수월했다. 아직 공사 중인 단지가 있고 휴일 오후라 그런지 도로는 한산하고 사람들의 왕래도 뜸하다. 주차할 곳을 찾다가 미용실 가까운 도로에 차를 세웠다. 다른 도로에 비해 인도가 높긴 했지만 문제가 있어 보이진 않았다. "다 왔어, 엄마. 휠체어 가져올 테니 좀만 기다려요." 트렁크를 열고 휠체어를 들어내 엄마가 있는 뒷좌석 가까이에 고정했다. 그다음 차 문을 열고 엄마 몸을 내 쪽으로 돌린 다음 양손을 잡고 조심스럽게 잡아당겼다. 엄마는 조금 앞으로 나오나 싶더니 그대로 주저앉는다. 몸이 좀 더 밖으로 나와서 양발이 인도에 닿아야 힘을 받을 텐데 요지부동이다. 지나가는 사람이라도 있으면 도움을 청할 텐데 눈을 씻고 봐도 없다. 다시 시도해 봤지만 같은 동작을 반복할 뿐 제자리걸음이다. 오히려 긴장한 엄마는 온몸에 힘을 주어 꼼짝하지 않는다. 젖 먹던 힘까지 냈다. 이번에는 엉덩이는 겨우 문밖으로 나왔는데 일으켜 세울 수가 없다. 휠체어를 뒤로 물리면 공간이 확보되어서 내가 좀 더 힘을 쓸 수 있을 텐데 발로 밀어내려고 하니 브레이크가 걸려 꼼짝도 하지 않았다. 엄마를 차에 도로 앉힐 수도 없고 밖으로 나오게 할 수도 없다. 이대로 손을 놓으면 차와 인도 사이에 엄마가 끼일 수 있어 위험하다.

"안돼 엄마, 제발 힘 좀 내봐."

엄마도 나도 점점 힘이 빠진다. 도움을 청하려고 주위를 둘러봐도 휑하다. 지나가는 사람조차 없다.

"아이구, 안 되겠다. 그만 놔."

엄마가 체념한 듯이 말했다. 안색이 창백하다.

"안돼, 엄마."

그때 뒤에서 웬 여자 목소리가 들렸다.

"내 참, 보고 있자니 할머니 불쌍해 죽겠네. 요양사예요?"

그 와중에 고개를 돌려보니 맞은편 상가 앞에 웬 여자가 있다. 말투로 봐서는 아까부터 보고 있었던 것 같다. 그렇담 달려와서 도와주는 것이 인지상정 아닌가. 내가 요양사든 아니든 그게 중요한가. 아서라, 뭐라고 대꾸할 힘도 없다. 저런 사람에게 도움을 청하고 싶지도 않다.

겨우 엄마를 밖으로 끌어내다시피 해서 휠체어에 앉혔다. 다친 데가 없는지 살폈다. 엄마는 의외로 담담하다. 옷을 털어주며 괜찮냐고 물어보니 대답이 없다. 방금 있었던 일도 기억하지 못하는 것 같다. 후들거리는 다리를 진정시킬 새도 없이 휠체어를 밀고 걸었다. 그 자리를 빨리 벗어나고 싶었다. 상가를 돌았다. 그때까지도 충격이 가시지 않고 마음이 진정되지 않았다. 내 힘으로는 감당할 수 없는 큰 벽을 만난 것 같았다. 앞으로도 이런 일이 반복될 수 있다는 두려움이 밀려왔다. 엄마 손을 놓지 않겠다던 다짐이 초라하게 느껴진다.

미용사에게 엄마 머리를 짧게 깎아달라고 주문했다. 여름이 다가오고 외출하기가 겁나서였다. 거울을 보고 있던 엄마가 너무 짧게 자르지 말라고 했다. 듣고도 귀가 의심스러워 다시 물어보니 똑같이 그렇게 말씀하셨다.

"너무 짧게 자르지 마라고."

미용사도 나도 빵 터졌다. 엄마가 모른다고 생각했다. 여자가 귀가 드러나도록 짧은 머리를 한다는 것이 당신 상식으로는 용납이 안 된다고 해도, 자신의 감정이나 기분 상태를 말로 표현하지 못하는 상태에서 그런 말을 한다는 것이 믿기지 않았다. 나이 들어도 여자는 여자라더니, 지금도 의식 어딘가에 여성성이 남아있고, 주체성을 잃지 않았다는 사실에 감사하고 힘이 난다. 엄마 때문에 울다가 웃다가 또 하루가 간다.

미안해, 엄마

식구들이 돌아올 시간에 맞춰 밥을 하다가 불현듯 엄마가 생각난다. 우리 집에 오셨을 때 보조기를 밀고 힘겹게 걸어가던 모습이 환영처럼 나타난다. 거실과 화장실을 오가는 데도 몇 번을 쉬어야 할 만큼 아프고 늙어버린 엄마, 언제 왔는지 주방 문 앞에 서서 나를 물끄러미 보고 있다.

'엄마…!'

주체할 수 없이 눈물이 흐른다. 쌀을 씻어 밥솥에 안쳐놓고는 바닥에 주저앉아 울었다. 아무것도 할 수 없는 엄마가 "내가 하까, 거들어 주까" 하던 말이 떠올라 울다가 웃다가 엉엉 소리 내어 운다.

이 시간이면 요양사도 퇴근했을 시간이다. 엄마는 혼자 어떡하고 있을까. 초저녁인데 불 다 끄고 잠자리에 누웠을까. 누워서 무슨 생각할까. 캄캄하면 무섭지도 않고 외로움도 덜 할까. 차라리 그런 감정조차 느끼지 못하면 좋겠다. 귀가 밝아서 이웃집 개 짖는 소리, 누군가 집으로 돌아오는 발자국 소리에 잠 못 들지도 모르겠다.

불 꺼진 친정집, 어둡고 적막한 그곳에 늙고 병든 엄마가 홀로 있다는 사실이 오늘따라 서러움을 더한다. 다뇨증이 있는 엄마는 밤새 화장실을 들락거릴 텐데, 불도 켜지 않고 다닐 생각을 하면 조마조마해서 당장 달려가고픈 심정이다. 몇 번이나 전화기를 들다가 내려놓는다. 벨소리에 일어나다 넘어질까 봐 그러기도 불안하다. 무사히 내일 아침을 맞이할 수 있기를 기도할 뿐이다.

지금 가장 힘든 사람은 엄마인데 우리는 우리가 힘든 줄 안다. 당신이 생각해도 지금의 처지가 얼마나 기가 막힐까. 그런데도 우리는 우리 감정만 앞세운다. 이 자식 저 자식 갈 때마다 운동하라고 성화였지 당신 손을 잡고 천천히 그 속도에 맞춰 걸은 적이 몇 번이나 될까.

'엄마는 자식을 열 명도 기를 수 있지만, 자식은 열 명 있어도 아픈 엄마 한 명을 돌보지 못한다'는 말이 무슨 뜻인지 이제 알 것 같다. 배 아프게 낳아 정성으로 길렀건만 당신 늙어 서러운 몸 되고 나니 선뜻 모실 자식이 없다니…. 엄마는 자식을 위해서라면 못 할 일이 없는데 자식들은 그렇지 않다. 핑계 없는 무덤 없다고 저마다 바쁘다. 밥벌이도 해야 하고 제 식구도 챙겨야 하고 사람들과 만나 교류도 해야 한다. 돌아서서 후회하면서도 여전히 다람쥐 쳇바퀴 돌 듯 바쁘게 살아간다.

미안해, 엄마. 조금 더 힘을 내줘. 언제든지 달려가서 볼 수 있게, 안을 수 있게, 언제나 그랬듯이 우리를 기다려줘.

엄마의 인생철학

 엄마 손이 아기 손 같다. 손마디가 휘고 뼈만 남아 손등은 앙상하지만 손바닥은 몰라보게 보드라워졌다. 눈빛도 참 맑고 고요하다. 눈은 마음의 거울이라지만 아무 마음이 담기지 않은, 무감한 눈은 그래서 더 맑고 담담하다. 머리카락도 겉은 백발이지만 속은 거뭇거뭇하게 검은 머리가 올라온다. 말로는 우리 엄마 회춘한다고 했지만, 본성으로 돌아가는 게 아닐까, 하는 생각을 해본다.

 행동도 꼭 어린아이 같다. 한번은 조카가 엄마 옆에 바짝 붙어 앉아서 "할머니 나랑 곶감 먹어요" 하면서 손에 곶감을 쥐여주었다. 조심스럽게 입으로 가져가 한입 베문 엄마는 기분이 좋은지 두 발을 까딱까딱 흔들면서 맛있게 잡수셨다. 그 모습이 정말 귀엽다. 어린아이에게서나 볼 수 있는 순수하고 천진난만한 모습이다.

 그런 신체적인 변화와 행동이 인지 저하로 인해 우연히 나타난 것일 수도 있겠지만 나는 엄마의 본성, 나아가 인간의 본질이 아닐까, 하고 생각한다. 삶을 대하는 당신의 자세와 살아온 방식이 그대로 발현된 것이라고 말이다. 불의의 사고나 질병 없이 나이가 들어 자연스럽게 생을 마치는 경우 누구나 그런 과정을 거치는 건지도 모른다.

대개 부모는 자식이 자신과는 다른 삶을 살길 원한다. 경제적으로 여유가 있으면서 자유롭고 당당하게 살길 바란다. 자신의 못다 한 꿈을 자식이 이루도록 뒷받침하며 대리 만족하기도 한다. 너나없이 가난한 시절에도 현실의 벽을 깨고 시대를 앞서간 어머니들이 있었다. 자식의 입신양명을 위해서 힘든 일도 마다치 않고 뒷바라지한 무용담은 시대를 막론하고 많았다.

엄마는 예외였다. 교육열은 고사하고 공부하라고 채근하거나 행실을 어떻게 하라고 가르치지 않았다. 배불리 먹이고 입히기도 버거웠을 터다. 그리고 그건 엄마가 관여할 수 있는 일이 아니었다. 아버지의 독재에 한 번쯤 항변할 수도 있으련만 팔자려니 하고 사셨다. 여자가 참고 살아야 집안이 조용하다는 순종주의자였다. 시대가 바뀌고 여성의 지위가 향상된 지금도 그런 생각에는 변함이 없는 듯하다. 내가 친구들과 며칠 여행 간다고 하면 집 떠나는 딸을 걱정하는 게 아니라 사위 밥걱정부터 한다. 사위 흉이라도 볼라치면

"그래도 그럼 쓰나" 하면서 은근히 나무라신다.

  수술 후 몇 차례 고비를 넘기면서 문득 엄마는 나약한 순종주의자가 아니라는 생각이 들었다. 크고 작은 병고를 이겨내고 담담하게 자리를 지키는 모습이, 당신이 살아온 모습과 크게 다르지 않기 때문이다. 여자라는 이유로 어쩔 수 없이 순종했던 게 아니라 당신 의지대로, 옳다고 생각하는 방향으로 일관되게 살았을 뿐이었다. 엄마가 마지막까지 당신이 바라는 삶의 이야기를 쓸 수 있도록 우리도 기꺼이 도울 것이다.

  그러고 보니 엄마가 우리에게 했던 말이 있다. '벌로 하지 마라, 벌로 살지 마라'였다. '벌로'는 경상도 방언으로 '건성으로'란 뜻인데 그 말이 왜 이제 생각날까. 일할 때도 성의 없이 하지 말고 인생을 살아도 대충 살지 말라는, 진리와 같은 그 말을 그때는 귀담아듣지 않았다. 엄마 말을 벌로 듣고 벌로 살다가 나이만 먹었다.

아무것도 해줄 수 없어서

 어제부터 엄마가 미열이 있고 식사를 못 한다. 어디가 불편하냐고 물어보면 몰라, 짧게 대답하고는 그만 말문을 닫아버린다. 이러니저러니 세세히 말하는 것조차 귀찮은 표정이다. 코로나 때문에 병원 가기도 쉽지 않다. 두 손으로 엄마 얼굴을 감싸고 눈을 맞춰보지만 떼자마자 힘없이 고개가 돌아간다. 엄마를 안아 일으키고 해열제 한 알과 물을 입에 넣어주었다. 물은 반 흘리고 약은 씹다가 뱉는다. 할 수 없이 수건을 적셔 몸을 닦아 열을 내리기로 했다. 아이들이 어릴 때, 한밤중에 열이 나면 하던 방법이다. 옷을 벗기고 손에서 팔, 팔에서 겨드랑이로 올라가며 열을 닦아낸다. 엄마는 참다, 차, 하며 움찔한다. 언제 이렇게 야위었나, 쇄골이 움푹 파여 주먹 하나는 들어갈 것 같다. 젖가슴은 자식에게 다 내어주고 쭉정이가 되었다.

 나는 아들 둘을 출산하고 친정에서 산후조리를 했다. 엄마는 하루에도 대여섯 번씩 미역국을 부엌에서 작은방으로 데워 나르고 갓난쟁이를 돌보며 기저귀 빨래와 목욕까지 도맡았다. 따뜻한 아랫목은 딸과 외손자에게 내어주고 당신은 문 앞에서 새우잠을 잤다.

새벽녘에 아기 우는 소리에 눈 떠보니 엄마가 구석에서 몸을 웅크린 채 고통스러워하고 있었다. 안방에서 주무시던 아버지가 달려와서 택시를 불러 병원에 갔는데 담석증이라고 했다. 산통보다 더 심하다는 통증을 혼자 참으며 날이 밝기만을 기다린 것이다. 병원에서 수술을 권하고 식구들도 그렇게 하기를 원했지만, 엄마는 말도 못 꺼내게 하고 진통제만 놓아달라고 해서 맞고 집으로 오셨다. 갓난 손자와 딸이 걱정되어서였다.

큰아이가 유치원에 다닐 때 고열로 입원했을 때도 내 전화를 받고 한달음에 달려오셨다. 침착하지 못하고 눈물 바람인 나를 다독이면서 우리 모자 곁을 지켜주었다. 내가 힘들고 필요로 할 때마다 엄마는 짠- 하고 나타나는 구세주였고 해결하지 못하는 일이 없었는데 나는 엄마를 위해 할 수 있는 게 없다.

코로나가 오기 전에 엄마를 모시고 읍내 병원에 갔을 때다. 접수를 해놓고 기다리는데 출입문이 벌컥 열리면서 웬 부부가 노인을 업고 들어왔다. 노인은 축 처져서 의식이 없어 보였고 남자는 그런 노인을 추슬러 올리며 땀을 뻘뻘 흘리고 있었다. 함께 온 여자는 다짜고짜 의사부터 찾았다. 진료 중이니 기다리라는 간호사 말에도 막무가내로 목소리를 높였다. 언뜻 봐도 정자 언니였다. 오십여 년의 세월이 흘렀는데도 자그마한 체구에 예쁘장한 모습이 남아있었다. 수다스러울 정도로 말이나 행동이 재바르고 억척스러운 데가 있었다. 정자 언니의 엄마와 우리 엄마는 이웃사촌일 뿐만 아니라 나이가 같은 친구인데 언니가 모친을 돌보고 있다. 언니가 엄마를 먼저 알아보고는 손을 덥석 잡고 반가워했다.

"아지매 아이라에? 어디가 편찮으셔서 오셨습니꺼?"

"이게 누고? 아이구 야야, 이게 얼마 만이고. 니가 고생이 많다. 그래도 아지매는 우리 엄마보단 낫네. 엄마는 종일 물 한 모금 안 드시고 왜 저러는지 모르겠다. 영양제라도 맞으면 좀 나을까 하고 안 왔나."

나도 수십 년 만에 보는 고향 언니가 반가워 인사를 하고는 엄마 차례가 되어 진료실로 들어갔다. 소변검사 결과를 보며 의사 선생님과 이야기를 나누는데 갑자기 밖에서 울음소리가 났다. 옆에 있던 간호사가 무슨 일인가 하고 뛰어나갔지만, 소리는 점점 더 크게 들려왔다. 병원인지 초상집인지 분간이 안 될 지경이었다. 나와 보니 정자 언니였다. 내가 달래려고 하자 언니는 더 북받치듯 나를 붙잡고 서럽게 울었다. 옆에 있던 사람들이 슬금슬금 자리를 물러나며 수군거렸다. 인상을 쓰는 사람도 있었다. 그러거나 말거나 한바탕 눈물을 쏟아낸 언니는 주섬주섬 가방을 챙겨 모친이 수액 맞고 있는 주사실을 향해 걸어갔다.

그날 정자 언니가 왜 그렇게 울었는지, 주위의 시선도 아랑곳하지 않고 왜 그렇게 대성통곡을 했는지 그 마음을 이제야 알 것 같다. 늙고 병든 엄마에게 아무것도 해줄 수 없을 때, 그저 지켜볼 수밖에 없는 초조함과 무력감, 지금 내가 그렇다.

5장

끝내 집으로
돌아오지 못하고

이대로 끝인가

 그날은 내가 속해 있는 문학단체의 연간집 발간을 앞두고 편집회의를 하는 날이었다. 코로나가 한풀 꺾였다고는 하나 변이에 변이를 거듭하며 여전히 위세를 떨치고 있다. 거리두기 해제나 대면 활동이 언제 재개될지는 알 수 없지만 비대면으로 할 수 있는 일조차 손 놓고 있을 수는 없는 노릇이다. 회의를 마치고 구미에서 온 회원을 터미널에 바래다주고 돌아서는데 막내 오빠한테 전화가 왔다. K 대학병원 응급실로 가는 중이라며, 엄마가 다니는 주간보호센터의 연락을 받고 급히 가서 모셔 가는 길이라고 했다.

 엄마는 응급실 내에서도 중환자들이 머무는 C 구역에 있다. 노쇠한 체구 위로 수혈용 혈액 주머니와 링거가 어지럽게 매달려 있다. 줄을 따라 내려오면 상황은 더 처참하다. 뼈만 남아 앙상한 팔뚝에는 혈관을 찾느라 여기저기 찔러놓은 주삿바늘 자국이 시퍼렇게 멍들어 있다. 그 와중에도 무슨 검사를 한다고 피를 두 번이나 뽑아갔다. 약 기운에 엄마는 잠이 들고 나는 한 시간 단위로 소변량을 체크해서 기록한다.

조명을 낮춘 실내가 조용하다 못해 숨 막힌다. 사이렌을 울리며 구급차에 실려 오는 환자도 없고 울며불며 따라오는 보호자도 없다. 부산하게 움직이는 의료진도 보이지 않는다. 코로나 때문에 1차적인 처치는 응급실 밖에서 이뤄지기 때문이다. 임시로 설치해 놓은 천막에서 체온을 잰 뒤 열이 있으면 별도 공간에서 기다리고, 열이 없어도 응급실에 자리가 날 때까지 기다려야 된다. 기약 없는 기다림, 그 불확실성의 시간이 환자와 보호자에겐 또 하나의 고통이다. 외부로부터 시시각각 조여 오는 바이러스의 공포와 안으로는 병마와 싸워야 하는 이중고를 감내해야 한다. 그러니 응급실에 입장하는 것만으로도 살았다는 안도감이 들 수밖에 없다.

공간이라야 환자용 침대와 플라스틱 의자가 한 개 있고 사방으로 회색 커튼이 드리워져 있다. 옆 침상에는 노부부가 있다. 바깥어른이 환자인 것 같은데 지금은 많이 호전된 듯하다. 안노인이 '큰아'한테 전화 왔었다며 집에 가서 아궁이 살피고 문단속 잘했으니 걱정하지 말란다고 한다. 바깥어른의 목소리가 작아 들리진 않지만, 일상적인 대화가 가능하다는 것이 얼마나 소중하고 감사한 일인지 새삼 느낀다.

'아까 그 의사'를 불러 달라는 아주머니의 큰소리가 나면서 갑자기 실내가 어수선해졌다. 그러고 보니 젊은 아가씨의 기침 소리가 끊이지 않았다. 아주머니는 응급실에 들어온 지가 언젠데 왜 두고만 있냐고 소릴 질렀다. '다 필요 없으니 금방 결과가 나온다고 했던 아까 그 의사'를 불러오라고 했다. 새로 온 의사는 교대 시간이라 의사가 바뀌었을 뿐 검사는 계속하고 있으니 조금만 더 기다려달라고 한다. '조금만 더 기다리라'는 말에 아주머니가 기어이 폭발했다.

그 소동에 엄마가 잠에서 깼다. 놀라서 주위를 두리번거리다가 몸을 뒤척인다. 나는 주삿바늘이 잘못될까 봐 엄마 팔을 잡고 몸을 지그시 누른다. 차라리 잠이 들어 이 상황을 모르면 좋겠다. 빨대를 꽂아 물을 드시게 하고 좀 더 주무시라고 했지만 잠을 이루지 못한다. 의자를 당기고 앉아 엄마 가슴을 토닥토닥 두드린다.

"자장자장 우리 엄마 멍멍개야 짓지 마라, 꼬꼬 닭아 우지 마라, 우리 엄마 잘도 잔다…."

한기가 들어 눈을 떠보니 새벽 세 시다. 엄만 낮게 코를 골며 잠들어 있다. 다음날 엄마는 병실로 올라갔다. 거기서부터는 간병인이 돌보게 된다. 막내 오빠가 의사와 수시로 상담하며 치료에 대해 의논했다. 그리고 그 상황을 형제들에게 문자로 알려주었다. 나보다 두 살 많은 오빠는 마침 정년퇴직해서 든든한 보호자 역할을 하고 있다. 입원 3일째부터 엄마가 설사를 심하게 한다고 했다. 응급실에서부터 금식해서 속이 비었는데도 설사를 계속한다니 이유를 몰라 답답했다. 건강한 사람도 힘들다는 설사를 어떻게 견뎌내고 있을까. 낯선 병실에서 홀로 분투하고 있을 엄마를 생각하며 형제들은 가슴 졸였다.

며칠 후 엄마는 '항생제 내성균'이라는 진단을 받고 1인실로 격리되었다. 항생제 부작용이라는데 처음 듣는 병명이다. 의사를 면담하고 온 오빠의 전언에 따르면 열을 내리고 감염을 치료하기 위해서는 항생제를 쓸 수밖에 없고 그러다 보니 항생제에 저항하는 내성균이 생긴다고 한다. 항생제를 줄이면 감염 수치가 올라 위험하고, 계속 쓰자니 장 기능이 나빠져 설사를 하는 악순환이 반복되었다. 문제는 별다른 치료법이 없는 데다 그걸 견딜 만큼 엄마 체력이 따라주지 않다는 것이다. 코로나 때문에 마음대로 면회도 할 수 없어 식구들은 밖에서 발만 굴렀다. 집으로 돌아오실 수 있을까. 언제쯤 오실까. 오시기는 할 텐가.

엄마는 대학병원에서 한 달 만에 언니 집으로 퇴원했다. 회복되어서 퇴원한 것이 아니라 회복할 가망이 없어서 퇴원한 것이다. 담당 의사는 환자가 식사를 못 하니 요양병원으로 모셔서 좀 더 지켜보길 권했다. 그러나 우리는 그렇기 때문에 더욱 집으로 모셔야 한다고 생각했다. 마침 언니가 팔공산 자락으로 이사를 왔고 형부가 적극적으로 나서주었다.

사실 엄마 상태가 점점 나빠지면서 요양병원을 알아보지 않은 건 아니다. 인지 저하가 점점 심해지고 거동이 어려워지면서 과연 집에서 모시는 것이 최선일까 하는 의문이 들었다. 주위에서도 전문가가 상주해 있는 시설이 오히려 안전하고 환자를 위해서 낫지 않겠느냐는 권유가 있었다. 정부에서 예산을 들여 시설을 지원하는 데에는 그만한 이유가 있지 않겠느냐며 굳이 집에서 모시겠다는 우리를 유별나게 보는 시선도 있었다. 하지만 몇 군데 문의해 본 결과 생각했던 것과 현실은 달랐다. 그곳도 어느 정도 건강해야 입소가 가능할 것 같았다. 스스로 식사라도 할 수 있어야 훗날을 기약하는데 엄마는 그러질 못하니 천덕꾸러기가 될 게 뻔했다. 코로나 때문에 면회를 금하고 있어서 그사이 무슨 일이 생길지도 알 수 없었다. 어쩌면 마지막이 될지도 모르는 시간을 그렇게 보낼 수는 없었다.

한 달 만에 가족들 품으로 돌아온 엄마는 완전히 반쪽이 되어있었다. 눈에 초점이 없고 근육도 다 빠져 뼈만 앙상했다. 자식도 몰라봤다. 게다가 소변 줄까지 차고 왔다. 병원 측에 물었더니 퇴원하기 전에 제거하려고 몇 차례 시도하다가 실패했다는 변명만 돌아왔다. 왈칵 눈물이 솟았다.

나는 엄마 손을 잡고 '엄마 이제 괜찮아. 언니 집에 왔어. 이제 아무 데도 가지 않을 거야'라고 말해주었다. 하지만 상황은 녹록지 않았다. 소변 줄은 그렇다고 쳐도 식사를 통 못 했다. 환자에게 억지로 먹게 하면 음식물이 기도를 막아서 위험해질 수 있다. 엄마는 응급실 가기 전까지 드시는 데는 아무런 문제가 없었다. 심각한 속병이 있는 것도 아니었다. 그런데도 입원해 있는 동안 링거만 맞게 한 것은 무슨 이유일까. 생존에 필수적인 먹고 배설하는 행위를 제어하면서까지 그들이 치료하고자 했던 건 무엇이었을까. 설령 내가 모르는 부분이 있대도 치료가 끝난 후에는 제자리로 돌려놓아야 하는 게 당연하지 않은가. 더러 간병인 중에 굳은일이 하기 싫어서 식사를 제한한다는 말이 있더니 사실인 모양이다.

엄마가 응급실을 찾은 이유는 감염이 의심되는 열 때문이다. 고령인 데다 면역력 저하로 폐렴이나 패혈증이 올 수 있어서다. 의사도 그 부분을 강조하며 간과해서 안 된다고 했다. 그런데 누차 병원을 다녀오면 오히려 기력이 더 떨어졌다. 이번에는 심각했다. 유동식 200ml를 여러 번 나누어서 숟가락으로 떠서 주면 겨우 삼켰다. 딸기 두세 개, 옥수수와 보리를 섞어 끓인 물 몇 모금으로 하루하루를 연명하는 정도였다. 병원에서 처방받은 항생제와 지사제, 혈전약도 중단할 수밖에 없었다. 위험한 결정이었지만 혈압약과 치매약도 끊었다. 이대로 마지막인가 싶었다.

언니는 죽을 끓이고 형부는 혹시 모를 감염에 대비해 위생 관리에 신경 썼다. 외부인 출입은 아예 금지이고 우리도 마스크 착용과 손 씻기를 하고 한동안은 먼발치에서 엄마를 보았다. 일주일쯤 지나자 목 넘김이 조금 수월해 보였다. 드시는 양도 조금씩 늘었다. 치매약을 복용하고부터 종일 반수면 상태로 계셨는데 약을 끊고 나니 오히려 정신이 맑고 깨어있는 시간이 많았다. 이런 변화를 눈으로 확인하며 우리는 기적이 있다면 바로 이런 게 아닐까, 하고 더 힘을 냈다.

나는 여기가 큰딸 집이며 엄마가 원하면 언제든지 엄마의 집으로 갈 수 있다는 말도 자주 들려주었다. 외숙모와 앞집 아지매 이야기를 하면 엄마는 미미하게나마 반응을 보였다. 말씀을 하진 못해도 눈을 반짝 뜨거나 고개를 돌리거나 짧게 탄식을 내뱉기도 했다. 사실 그것조차 집중해서 보지 않으면 지나칠 수 있지만 우리는 그 표정 하나하나를 놓치지 않으려고 했다. 엄마 기분과 컨디션을 짐작할 수 있기 때문이다. 집주인이 이러고 있으니 엄마 집이 텅 비어 쓸쓸하고 불쌍하다고 해놓고는 식구들이 모처럼 활짝 웃었다.

가없는 사랑

다음날 엄마를 보러 왔다가 주무시길래 의자를 당기고 앉아 지켜보았다. 잠에서 깬 엄마는 나를 빤히 올려다보더니 팔을 들어 올리려고 했다. 바둥거리며 반쯤 올리다 힘이 없어 툭, 떨어진다. 이유가 궁금했지만 잠자코 있어 보기로 했다. 엄마는 계속해서 시선을 내 얼굴에 둔 채 팔을 들어 올리려고 시도했다. 그러다가 또 툭. 내가 몸을 낮춰 가까이 가자 기어이 내 어깨에서 머리카락 하나를 떼어냈다. 이 경이로움, 이 행복을 무슨 말로 표현할까. 저 몸으로도 딸에게 묻은 머리카락이 용케 보였던 모양이다. 그리고 그걸 떼어내려고 저렇게 용을 쓰다니, 당신의 가없는 사랑에 목이 메였다.

어릴 때 학교에서 돌아오면 엄마는 가끔 흰머리를 뽑아달라고 했다. 책가방만 갖다 놓고 친구와 놀기로 약속했는데 난감했다. 마지못해 두세 개 뽑는 시늉만 하고는 밖에 나가 놀았다. 엄마는 아쉬워하면서도 뭐라 하지는 않았다. 그다음부터는 흰머리 한 개를 뽑으면 십 원씩 받기로 했다. 하지만 그것도 진득이 하지 못했다. 종일 집안일 하다가 그 핑계로 잠시 누워 쉬고 싶었던 것인데 그때는 몰랐다. 정말 몰랐다. 이젠 백발이 되어 검은 머리카락 찾는 것이 더 빠르겠다.

잠시 회복된 기력

엄마가 차츰 안정을 찾으면서 소변 줄 제거에 도전하기로 했다. 감염에 쉽게 노출될 뿐만 아니라 기저귀를 갈 때나 휠체어로 이동할 때 보통 성가신 게 아니다. 무엇보다 자신의 그런 모습을 물끄러미 바라보는 엄마가 안타까웠다. 가능할지 모르겠지만 도전해 볼 가치가 있는 일이다. 하지만 병원에서 실패한 걸 봐도 쉽지는 않을 것이다. 오빠 친구의 모친은 몇 번 시도하다가 포기하고 삼 년째 소변 줄을 달고 지낸다고 한다. 우리는 한번 시도해 보기로 하였다.

언니 집에서 가까운 비뇨기과를 찾아서 예약했다. 변두리의 개인병원인데도 시설이 크고 깨끗할 뿐 아니라 의사와 간호사들도 친절했다. 그중에서 엄마를 담당했던 간호사는 지금도 기억에 남아있다. 병원에 가면 의사와 면담하기 전에 처치실에서 먼저 요도에 연결된 소변 줄을 빼서 소독하고 감염 여부를 검사하는데 도중에 엄마가 실례를 한 적이 몇 번 있다. 그럴 때는 보호자인 나도 당황해서 어쩔 줄 모른다. 하지만 간호사는 미소를 잃지 않고 자기가 도울 일이 없냐며 물티슈와 휴지통을 내 손 닿기 좋은 곳에 놔주고 밖에서 기다려주었다. 집에서는 응석을 부려도 될 만큼 앳돼 보이는 아가씨가 어쩜 그렇게 차분하고 친절한지, 덕분에 병원 가는 부담이 덜 했고 포기하지 않을 수 있었다. 다시 한번 감사의 마음을 전하고 싶다.

소변 줄을 제거하려면 요도에 연결된 줄을 뺀 다음 방광에 물을 채우고 스스로 소변을 볼 때까지 기다린다. 24시간 안에 배뇨가 되지 않으면 소변이 복부에 차서 위험할 수 있다고 한다. 기다리는 동안 엄마에게 영양제를 맞게 했다. 예전에 엄마는 감기 몸살을 심하게 앓고 난 후나 당신이 판단해도 기력이 달린다 싶으면 읍내 병원에 가서 영양제를 맞았다. 그러고 나면 몸이 한결 가볍다고 했다. 멀리 있는 자식보다 영양제 한 통이 더 절실했을 것이다. 그런데도 돈이 아까워 버티다가 우리가 모시고 가기도 했다. 이제 앙상하다 못해 물기마저 말라버린 구순의 엄마에게 영양제의 효과가 있고 없고는 별 의미가 없다. 다만 그때처럼 이 주사를 맞고 나면 몸이 가벼워지고 나을 거라는 희망과 믿음을 엄마가 가질 수 있다면 그것으로 된 것이다.

첫날은 실패했다. 우리는 서두르지 않고 2주 후에 다시 예약을 잡았다. 이번에는 병원에서 마냥 기다릴 수 없어 집에 모시고 왔다. 마음이 편해야 소변도 잘 나올 텐데, 엄마 성격상 병원은 긴장해서 어려울 수 있어서다. 다음 날 오전까지 소변을 보지 못하면 병원으로 달려가야 한다. 조카가 유튜

브에서 '소변 잘 나오게 하는 음향'을 찾아 엄마 머리맡에 틀어 놓았다. 그런 방법이 있다는 게 신기했다. 우리도 옆에서 "엄마 쉬~ 쉬이" 하며 용을 썼다.

드디어 엄마가 해냈다. 두 번 만에 소변을 보게 된 것이다. 젖은 기저귀가 그렇게 반가울 수 없었다. 확인차 병원에 갔더니 의사와 간호사도 할머니 대단하시다며 축하해주었다. 하루라도 거르면 큰일날 것 같던 당뇨약을 끊고도 열 달째 안정적인 수치를 보인다. 의학적인 도움 없이도, 아니 의학의 도움을 거부함으로써 질적으로 더 나은 시간을 보내고 있다.

수리수리 어수리

언니가 보름 밥을 한다고 전화했다. 오후에 넘어와서 같이 밥 먹고 한 통 담아 가서 식구들도 먹이라고 한다. 설 쇤 지가 어제 같은데 벌써 정월 대보름이다. 정월 대보름에 먹는 오곡밥은 한해의 액운을 막고 건강과 풍년을 기원하는 의미가 있다. 또한 묵나물은 여름에 더위를 타지 않게 해주며 설에 기름진 음식으로 더부룩해진 속을 달래는 효과가 있다고 한다. 식재료 하나도 적재적소에 사용하는 조상의 지혜도 놀랍지만 묵나물이 이렇게 중요한 역할을 하는지 미처 몰랐다.

엄마가 잘 드시는 밤빵을 사서 언니 집으로 간다. 고소한 냄새가 마당까지 진동한다. 형부도 엄마를 휠체어에 태워서 부엌에 나와 있다. 엄마가 할 수 있는 일은 없지만 그래도 부엌에 있을 때가 가장 자연스럽고 편해 보인다.

언니는 볶은 나물을 후후 불어서 엄마 입에 넣어주며 간을 봐달라고 한다. 엄마 맛있어? 맛있다. 간이 맞아? 간 맞다. 모녀의 찰떡같은 대화에 무던하기만 한 형부도 빙긋이 웃는다. 언니는 김치를 담그거나 새로 반찬을 만들면 꼭 엄마를 옆에 앉혀놓고 맛을 보게 한다. 그래서 그런지 엄마가 다른 말은 잘 못 해도 '맛있다, 간 맞다'는 말은 잊지 않았다.

예전에 엄마는 특별한 날을 그냥 넘기지 않았다. 보름에는 오곡밥과 갖은 나물을 하고, 동지에는 팥죽을 끓여 조왕신에 떠 놓고 자식들에게도 전화했다. 생일날에도 선물을 받은 기억은 없지만 엄마가 끓여준 미역국은 꼭 먹었다. 어린이날에 달걀을 한 바가지 삶아서 주신 적도 있다. 서로 더 먹겠다고 다투기도 했을 텐데, 금방 삶아서 맛도 있었을 텐데, 그런 건 기억나지 않고 바가지를 받아 안았을 때 전해지던 따뜻함은 그대로 살아있다. 지금도 가슴을 문지르면 불씨처럼 남아있던 온기가 되살아나 전신을 따뜻하게 감싸는 것 같다. 가난한 형편에도 자식을 위해 할 수 있는 최선을 다하셨다.

언니도 이름 있는 날은 꼭 챙긴다. 특히나 엄마가 좋아하는 보름나물과 팥죽은 넉넉하게 해서 형제들도 불러 모은다. 요즘은 주말마다 집밥을 해서 우리를 부른다. 덕분에 자주 모여서 엄마와 시간을 보내는 건 좋지만 마음이 편치만은 않다. 언니가 힘들 걸 알기 때문이다. 깔끔하기가 유별나서 외식은 사절이고 우리가 하는 설거지도 성에 차지 않아 손도 못 대게 한다. 게다가 한식은 손이 많이 가는 음식이다. 재료 준비에서부터 꼼꼼하게 다듬고 씻고 양념하고 불 앞에 서서 조리하는 과정이 고행이라고 해도 과언이 아니다. 가끔 사 먹기도 하고 무리하지 말라고 해도 고집이다.

언니가 준비한 나물은 고사리와 도라지, 어수리나물, 두릅, 곤드레, 취나물이다. 그중에 어수리나물은 임금님 밥상에 올랐다고 어수리라는 이름이 붙었다고 한다. 그만큼 귀하고 맛있다는 어수리나물을 나는 최근에 언니를 통해 알았다. 취나물 맛과 비슷해서 구별이 어려웠는데 언니 말대로 씹을수록 식감이 취나물과는 차이가 나면서 깊은 맛이 느껴졌다. 제철 산나물은 손질한 다음 데쳐서 말리거나 냉동실에 보관했다가 나물이 귀한 겨울이나 초봄에 볶아 먹기도 하고 생선을 조리거나 보름나물로도 쓰인다. 이름 모를 산야에서 자라 귀히 쓰이는 산나물처럼 성장기에는 주목받지 못하다가 엄마가 늙고 병든 몸이 되자 요긴하게 쓰이는 언니가 묵나물 같다는 생각이 든다. 아직도 나는 묵나물의 맛이나 향이 거기서 거긴데 언니는 나물마다 조금씩 차이가 있다고 한다. 그 미세한 차이를 나는 언제쯤 알게 될까.

빈집

엄마가 언니 집으로 거처를 옮긴 후 친정집은 빈집이 되었다. 엄마를 위해 집을 수리했지만 정작 당신은 그런 사실을 알기나 할까. 언젠가는 다시 돌아오리라는 희망을 품고 틈틈이 가서 환기시키고 화단에 잡초를 뽑고 걸레질도 했다. 그러면서도 아무 데나 주저앉아 멍하게 있다가 온다. 사람이 살지 않아도 담 밑에 영산홍은 저 홀로 꽃을 피우고 우편함에는 날짜 지난 고지서가 쌓여 있다. 아무도 살지 않는 친정집을, 엄마가 없는 친정집을 상상해 본 적 있던가.

 어머님 집 비우시고
 어느 산사에 가셨는가
 적막 한정에
 줄장미 불 지르고
 우러러 드맑은 하늘만
 높아 더욱 설워라
- 김남환, 〈친정에 와서〉

 아버지 돌아가신 지가 오랜데 공과금 명의가 아직도 그대로다. 집 전화는 사용하지 않는데도 매달 사오천 원의 기본요금이 나온다. 요양사가 오면서 집 전화는 거의 쓰지 않는다. 엄마가 전화기 사용법을 잊어버릴까 봐 연습하다가 그만 포기했다.

어느 해 겨울, 아버지는 엄마에게 숫자와 전화기 사용법을 가르쳤다. 어떻게 그런 생각을 하셨는지, 머잖아 저세상 가실 걸 예감하셨던 걸까. 아랫목에 공책을 펴놓고 나란히 앉아 있는 두 분의 모습이 자식의 가슴을 뭉클하게 했다. 자식들에게 아쉬운 소리라곤 못하는 엄마를 보고 '나 죽고 나면 어쩔 거냐'고 하셨다니, 혼자 남겨질 엄마가 걱정되긴 하셨던 모양이다. 덕분에 매일 전화기 너머로나마 엄마의 목소리를 듣고 안부를 물을 수 있어서 감사했다.

엄마가 다시 집으로 돌아오신다고 해도 이제는 전화기를 사용하진 못한다. 사람도 때가 되면 가는데 이깟 전화기가 무슨 대수이랴 싶어 해지하기로 했다. 전화국에 근무하는 친구한테 문의했더니 명의자 동의가 반드시 있어야 한다며 부재 시에는 제적등본이 필요하다고 했다. 볕 좋은 날 읍사무소에 가서 서류를 발급받아 친정집으로 왔다. 방마다 창문을 활짝 열어두고 뜰에 나와 앉아 제적등본을 펼친다.

양가 조부와 조모, 아버지 엄마, 형제들과 조카로 이어지는 4대가 한눈에 들어온다. 외조모의 성함이 '서부남'인 것은 처음 알았다. 나는 자세를 곧추세우고 한분 한분의 이름을 가만히 불러보았다. 윤재용 김연이 김용제 서부남 그리고 아버지, 그게 끝이 아니었다. 아래로 이어질 수많은 인연과 그 위 끝을 알 수 없는 조상까지 거슬러 올라가다 보면 우주와 연결되어 있다는 상상을 하면서 가슴이 뛰었다. 그리고 기억이 살아있는 한 죽음이 끝은 아닐 것이다.

엄마의 봄날은

 언니와 형부가 지방에 볼일 보러 가는 날이다. 언니가 외출 준비하는 동안 형부가 엄마에게 출타를 고한다.
 "어머니 다녀올게요. 올 때 맛난 거 사 올 테니 잘 놀고 계세요."
 손잡고 악수하다가 새끼손가락 걸고 약속하자 해도 엄마는 말이 없다. 사슴 같은 눈으로 가만히 쳐다보기만 한다. 엄마가 영영 말문을 닫을까 봐 일부러 대답을 기다리는 줄 알면서도 답답해서 내가 대신 대답한다.
 "걱정하지 말고 잘 다녀오게, 운전 조심하고."

그제야 형부는 시계를 보며 밖으로 나간다. 이번에는 언니 차례다.

"엄마 막내랑 재밌게 놀고 있어요. 빨리 올게. 오늘은 시간 많이 안 걸릴 거야."

휴지 뽑아서 엄마 코 닦아주고 추울까 봐 모자 마스크 여며주고도 마음이 놓이지 않는지 미적거린다.

"아침에 새 밥 해놨으니 찌개 데우고 냉장고에서 반찬 꺼내서 엄마랑 먹어…"

보다 못한 내가 언니를 밀어내자 그제야 두 사람은 차에 오른다. 이 정도면 정성도 청승이다. 어느 자식이 저렇게 할까. 언니는 자기가 엄마 속 많이 썩여서 그런다지만 이 세상에 부모 속 썩이지 않고 크는 자식이 얼마나 될까. 배웅할 겸 바람도 쐴 겸 휠체어를 밀고 마당으로 나온다. 차가 산모퉁이를 돌아 사라지면 엄마와 나는 섬집 아기가 된다.

'엄마가 섬 그늘에 굴 따러 가면 아기가 혼자 남아 집을 보다가~~' 삼십여 분 산책하며 햇볕 쬐고 방으로 들어온다. 엄마는 아까부터 꾸벅꾸벅 졸던 터다. 외투 바지, 모자, 마스크, 양말 벗겨서 무장해제 한 뒤 휠체어를 최대한 침대 가까이 고정시킨다. 심호흡 크게 하고 젖 먹던 힘까지 모아서 엄마를 안아 침대에 뉜다. 허리가 휘청한다. 힘을 주느라 세게 안았더니 엄마 한쪽 눈이 내 어깨에 눌려서 애꾸눈이 되어 버렸다. 그 모습이 우스워서 내가 깔깔 넘어가자 엉거주춤한 자세로 누운 엄마도 덩달아 웃음보가 터진다. 너무 웃어서 눈물이 난다. 기저귀 갈아서 한잠 주무시게 해놓고 나는 밖으로 나와 늦은 모닝커피로 한숨 돌린다.

세상 순한 우리 엄마, 눕혀놓으면 누운 채로, 앉혀놓으면 앉은 채로 아기가 따로 없다. 다만 말을 잃은 것이 문제다. 엄마 목소리를 들은 지가 언제인지 모르겠다. 소리 낮춰 텔레비전 보다가 몸을 비틀다가, 혼자 팬터마임 하는 것 같은 이 시간이 지루할 때도 있다.

'연분홍 치마가 봄바람에 휘날~리~더~~라… 꽃이 피면 같이 웃고 꽃이 지면 같이 울던 알뜰한 그 맹세에 봄날은 가아~~안다.'

요사이 내가 시도 때도 없이 흥얼거리는 노래다. 예전에는 그러지 않았는데 어떤 노래에 한 번 꽂히면 반복해서 듣는다. 한때는 〈남자의 일생〉이라는 노래를 서울 가는 내내 되돌려 듣기 한 적도 있다. 가사 구절마다 돌아가신 아버지가 보고 싶고, 미래에 남편이자 아버지로 살아갈 두 아들이 생각나서 나도 모르게 훌쩍거렸다.

 한참 흥얼거리다가 돌아보니 언제 깼는지 엄마가 눈을 반짝 뜬 채 노래를 듣고 있다. 마치 노래에 심취한 사람처럼 노랫말을 따라 어디론가 가고 있는 듯한 표정이다. 아, 엄마도 노래를 아는구나. 부를 줄 아는 노래도 없고, 부르지도 않고 흥얼거리는 모습조차 본 적 없어서 관심도 없고 모르는 줄 알았다. 노래를 싫어한 게 아니었어. 살기 바빠서, 꽃이 피고 지는 줄도 모른 채 노역 같은 삶을 살다 늙어버린 우리 엄마. 엄마의 봄날은 언제였을까, 있기나 했을까.

 그 얘길 언니한테 했더니 마치 엄마에 대해 큰 비밀을 알아낸 것처럼 반가워했다. 그 말을 듣고 언니는 저녁마다 노랠 불러준단다. 저녁 먹고 엄마를 휠체어에 태우고 마당 산책하면서 몇 곡 부르다 보면 금세 아는 노래가 바닥난다고, 노래책을 사다 배워야 할까 부다, 했다. 어스름 내리는 저녁이면 언니의 노랫소리가 예까지 들리는 것 같다.

You raise me up

 종일 엄마를 보다가 집으로 간다. 일 때문에 울산에 갔던 언니와 형부가 돌아오기 바쁘게 교대하고 가는 길이다. 밖은 이미 어둑해져 마음이 바쁘다. 차에서 빵과 우유로 점심을 때우며 볼일을 보았다는 언니도 오죽 마음이 바빴으랴. 그렇다고 엄마를 혼자 둘 순 없다.

 연경동을 지나 북대구IC 고가도로 위에 이르자 차가 막혀 꼼짝할 수 없다. 퇴근 시간이라 예상은 했지만 오늘따라 체증이 더 심하다. 이곳은 팔공산 쪽에서 내려온 차와 북대구IC를 통과한 차가 합류하는 두물머리인 셈이다. 그렇게 만난 차들은 서로 차선을 넘나들며 뒤섞이다가 다시 시내 방향과 팔달교 방향으로 갈라진다. 도리없이 마음을 느긋하게 먹고 차창 밖으로 시선을 돌린다. 오른쪽으로 보이는 금호강 낙조가 그림 같다. 석양을 받아 반짝이는 강물과 그 위를 가로지르는 아치형 다리와 주황색으로 물든 하늘이 어우러져 장관이다. 혼자 보기 아까워 사진을 찍어 가족 단톡방에 올린다. 내가 어디쯤 가고 있는지 알리는 효과도 있다. 아직도 차는 제자리다.

라디오를 켜자 귀에 익은 팝송이 흘러나온다. 볼륨을 높이고 쫑긋 귀를 모은다. 멜로디는 익숙한데 제목이 생각나지 않는다. 제목은 몰라도 감동은 물결처럼 퍼져나간다. 전화기를 꺼내 음악검색을 치고 스피커 가까이 둔다.

'You raise me up – 나를 일으켜 주소서'

내가 우울하고 영혼이 지쳤을 때
어려움이 닥치고 힘겨울 때
나는 조용히 이곳에서 당신을 기다려요
당신이 다가와 잠시 내 곁에 앉을 때까지
당신이 일으켜 주어 산을 오를 수 있게…

차분한 멜로디와 노랫말이 심금을 울린다. 차는 계속해서 가다 서다를 반복한다. 브레이크를 중립에 놓고 라디오 볼륨을 좀 더 높인다.

당신이 있기에 나는 폭풍의 바다 위를 걸을 수 있어요
당신의 어깨에 기대 나는 강해집니다

당신은 나보다 더 큰 내가 되게 합니다

 그랬다. 엄마 때문에 종종거리고, 그래서 내 시계가 멈추었다고 생각한 때가 있었다. 지금은 그렇게 생각하지 않는다. 엄마 때문에 할 일을 포기하지도 않았고 단조로웠던 내 일상이 오히려 더 풍성해졌다고 할 수 있다. 포기한 게 있다면 나의 나태함과 의지의 문제다. 오늘만 해도 그렇다. 엄마를 돌보고 오는 길이 아니라면 어떻게 이 시간에 이 자리에서 저 아름다운 낙조와 조우 할 수 있었을까. 아마도 어두워지는 주방에 불을 밝히고 저녁 준비를 하고 있을 것이다. 전업주부는 그래야 했으니까.
 돌아보면 엄마를 보러 매일 친정을 오갈 때마다 새로운 세상을 만났다. 시골의 아침 풍경, 신선한 공기, 친정집 마당에서 올려다본 밤하늘, 차가 정체되는 바람에 돌아서 갔던 들길, 집으로 돌아가는 신작로에서 목덜미를 얼얼하게 비추던 석양빛, 잊고 지냈던 고향을 다시 찾은 것도 엄마가 거기 있었기에 만날 수 있는 풍경이다.
 지난 시간 틈틈이 병상일지를 메모하면서 내 삶과 주위를 돌아볼 수 있었던 것도 엄마라는 대체 불가능한 존재가 있기 때문이다. 차는 아직도 제자리걸음이지만 차분하게 기다린다. 그리고 나를 기다리는 가족과, 가족이 기다리는 집으로 가고 있는 차 안의 사람들이 들을 수 있게 볼륨을 더 높인다, 엄마와 언니 형부에게도 노래가 전해져 힘이 되길 바라며….

엄마라는 이름

노년의 낙상이 얼마나 위험한지, 그 후의 삶이 얼마나 피폐한지를 나는 엄마를 통해 알게 되었다. 노년의 골절은 원상회복이 어려워 삶에 대한 주도권을 한순간에 잃어버릴 수 있다. 수술 후 엄마는 심신이 몹시 불안정한 상태였고 자식인 우리도 우왕좌왕하며 시행착오를 겪었다. 매년 수십만 명의 노인이 넘어져 대퇴부 골절상을 입는다. 그중 절반은 다시 걷지 못하며 병원이나 요양원에 입소하여 일 년 이내 사망할 확률이 30%가 넘는다는 통계가 있다. 누구나 언젠가는 혼자 설 수 없는 때가 온다.

돌이켜 보면 엄마가 낙상으로 수술한 이후, 몇 차례 응급실을 찾은 데는 이유가 있었다. 어르신 주간보호센터에 가게 되면서다. 아침에 갔다가 저녁에 오면 되고, 센터에는 동네 분들도 있어서 집에 계시는 것보다 나을 것 같아서 결정한 일이었다. 그런데 긴장하셨는지 첫날부터 센터가 아니라 병원 응급실로 가게 되었다. 일 년쯤 지나 다시 센터 말이 오갈 때는 당신도 어쩔 수 없었던지 묵묵히 따라주었다. 하지만 겉으로만 그렇게 보였을 뿐, 센터 직원이나 자식 손에 이끌려 수동적으로 등하원을 반복하는 수준이었다. 매일 센터에서 보내주는 사진을 봐도 단체 활동이나 운동에 관심을 보이지 않았다. 그 상황을 받아들이려고 하지 않는 것 같았다. 마지막으로 대학병원 응급실에 갈 때도 센터에 계시다가 열이 39도까지 올라서다.

평생 가족을 위해 희생을 감내하며 살아온 엄마다. 가정의 화목을 위해서라면 당신의 생각은 그다지 중요하게 여기지 않았다. 그랬던 엄마가 자식들이 원하는 주간보호센터는 어째서 온몸으로 거부했을까. 생각해 보면 요양원에 대한 막연한 두려움과 불안감 때문이 아니었나 싶다. 살갑게 지내던 이웃 아주머니는 요양원에서 십오 년째 콧줄을 꽂고 의식 없이 누워있다. 엄마 친구 중의 한 분도 노환이 심해서 도시에 사는 아들이 와서 모시고 갔는데 몇 달째 소식이 없다. 살던 집의 대문은 굳게 잠겨있고 자식들이 연락해 오지 않으면 연락할 길이 없다. 가족처럼 의지하고 살던 이웃이 생사도 모른 채 잊히는 것이다.

어느 날 부고가 날아오고 망자가 되어 살던 집을 둘러보러 오면 나이 많은 어른들은 보려고 하지 않았다. 머잖아 자신의 모습을 보는 것 같아서일 것이다. 나이 들수록 죽음에 민감할 수밖에 없고, 주변의 이런 상황들이 생면부지의 낯선 곳에서 비참하게 연명하다 홀로 생을 마칠지 모른다는 불안감을 키웠는지 모른다.

그렇다면 엄마가 바라는 마지막은 어떤 모습일까. 노인의 불안감만으로 설명할 수 없는 더 큰 무언가가 있을 것이라는 생각이 들었다. 작년 연말에 대학병원에서 퇴원했을 때는 몹시 위중한 상태였다. 하지만 기적처럼 안정을 되찾았다. 그것도 의술의 손길을 완전히 놓은 상태에서. 언니와 형부가 극진하게 보살핀 이유도 있지만 본인의 의지가 없었다면 불가능한 일이었을 것이다. 당신 삶을 당신이 원하는 방식으로 끝맺으려는 의지로 밖에는 달리 설명할 길이 없다.

만약 그때 먼 길을 떠나셨다면 이 이야기는 결말이 없는 미완성에 그치고 말았을 것이다. 엄마가 바라는 결말이 아니기 때문이다. 그러므로 이 글은 막내딸인 내가 쓰지만 실은 엄마가 쓰는 당신의 마지막 이야기다.

요즘처럼 형제들이 자주 모인 적도 없다. 지지난 주말에는 꽉 막힌 만추의 팔공산로를 뚫고 가까이 사는 삼 형제가 모였다. 지난주에는 해외 출장에서 돌아온 셋째 오빠가 엄마를 보러 온다고 해서 또 모였다. 말을 잃고 배변에 어려움은 있지만 엄마는 여전히 가족의 중심이며 최고 어른으로서의 자리를 지키고 있다.

형제마다 엄마에 대해 느끼는 감정이 다르고 또 어떻게 돌봐야 하는지에 대한 견해도 다르다. 한 뱃속에서 난 자식이라도 생각이 같을 수는 없다. 함께 뒹굴며 자란 시간보다 각자 살아온 세월이 더 길고, 환경도 다 다르기 때문이다. 그럼에도 엄마가 우리 곁에 있다는 사실과 정신적인 든든함은 사소한 갈등을 상쇄하고도 남는다.

엄마가 잘 먹는 딸기 아이스크림을 포장해서 팔공산으로 간다. 형부가 엄마를 휠체어에 태워 마당에 나와 있다. 마당에는 형부가 심고 가꾼 꽃들과 푸성귀가 햇살 아래 성싱하게 자라고 있다. 마지막까지 엄마를 포기하지 않게 해준 형부가 감사하다.

"엄마, 엄마아아아~~" 나는 금세 우쭐해져서 까불까불 뛰어간다. "엄마~~~" 눈물이 핑 돈다. 신기하게 '엄마' 하고 소리 내서 부르면 힘이 나고 뭔가 충만해지는 느낌이다. 불러도 또 부르고 싶은 이름 엄마! 가슴이 따스하게 차오른다.

엄마, 눈 좀 떠 봐

그즈음 둘째 아들 결혼식 날이 다가오고 있었다. 사월에 조카가 결혼할 때는 엄마도 참석했었다.

휠체어로 이동해야 하고 감염에 취약한 노모를 예식장에 모시고 가는 것은 그야말로 모험이다. 예식 중간에 집으로 돌아오는 상황이 발생할 수도 있다. 하지만 구십 연세의 할머니가 손녀 결혼식에 참석하는 상상만으로도 우리는 고무되었다. 감기라도 걸리면 어떡하나, 곤란한 상황이 생기면 어쩌지, 정말 괜찮을까, 따위의 일어나지도 않은 걱정은 하지 않기로 했다. 기저귀, 휴지, 물티슈, 물병 등 준비할 것도 많았다. 엄마가 잘 버텨주어서 피로 연회장에서 식사하게 될 걸 대비해 언니는 개인 수저까지 미리 챙겼다. 백발에 맞춘 고동색 계량한복을 입은 엄마는 단정하면서도 위엄이 느껴졌다. 하객으로 온 친인척과 고향 분들이 찾아와 반갑게 인사했다. 엄마도 잔칫날인 줄 아는지 여느 때보다 컨디션이 좋고 정신도 맑아 일일이 눈을 맞추었다.

그런데 아들 결혼식을 한 달 앞두고 엄마가 식사를 거의 못 하셨다. 뭐라도 드시게 하려고 했지만 결국 응급실에 실려 갔다. 수액을 맞으며 안정을 취한 다음 일주일 만에 퇴원했다. 이번에도 상태가 호전되어서라기보다 응급 상황만 넘기면 집에서 케어하는 것이 엄마를 위해서 낫다고 판단했기 때문이다. 5년간 엄마를 돌보면서, 몇 차례 입원하면서 우리가 깨달은 건 가능하면 병원에 오래 입원하지 않는 것이다. 혈관이 약해져서 심장 가까운 팔에 주사 관 삽입 시술을 하고 퇴원했다. 일주일에 한두 번 가정 방문 간호사가 집에 와서 수액을 놓았다. 엄마에게 남은 시간이 많지 않은 것 같았다. 결혼 날짜는 다가오는데 혹시 그전에 문제가 생길까 봐 걱정되면서도 만약 그런 일이 생긴다면 담담하게 받아들이

겠다고 마음먹었다.

  결혼식 전날 아들과 며느리 될 아이를 데리고 엄마를 보러 갔다. 우리가 온다는 걸 알고 형부가 침대를 세워 엄마를 앉혀놓았다.

  "엄마, 성이 각시야 예쁘지?"

  "할머님, 어서 쾌차하세요."

  나는 며느리의 손을 잡아 엄마 손에 쥐여주었다.

  "할머니, 저 장가가요. 할머니가 꼭 보셔야 하는데…."

  엄마는 앉아 있을 기운조차 없으면서도 손부의 손을 한참 동안 놓지 않았다.

  "엄마 내일 성이 결혼해, 잔치 잘하고 올 테니 기다리고 있어요. 알았지, 빨리 올게요."

  무사히 예식을 마치고 먼 길 가는 친척들 배웅하고 마지막으로 사돈과 주차장에서 인사를 나누고 헤어졌다. 오빠들은 곧장 엄마를 보러 가고 우리는 집에 가서 옷을 갈아입고 뒤따라갈 참이었다. 집으로 오는 차 안에서 언니 전화를 받았다.

  "엄마가 돌아가신 것 같아. 숨을 쉬지 않아, 엄마가…."

  가슴을 조여 맨 한복 끈이 끊어진 줄 알았다. '툭 투둑' 나와 연결된, 나를 지탱하고 있던 단단한 끈 하나가 끊어지는 것 같았다.

 어둠도 적막한 산자락에 경찰차 비상등이 조등처럼 불을 밝히고 있었다. 오빠들은 이미 도착했고 조카들도 차를 돌려 오는 중이었다. 사망 확인을 위해 검시관을 불러놓았다고 했다. 그때까지는 아무도 들어갈 수 없다는, 경찰의 말을 누군가 대신 했지만 나는 방으로 갔다. 어수선한 이부자리와 방 안 공기로 인해 엄마 누운 자리가 퍼뜩 들어오지 않았다. 체구가 이렇게 작았던가. 이불을 들추자 엄마는 입을 반쯤 벌린 채 잠든 듯이 누워있었다. 잠귀가 밝아 조심하며 들어가도 눈을 빤히 뜨고 쳐다보던 것 말고는 평소와 다름없는 모습이었다. 손을 잡아보았다. 차가운 것 같으면서도 온기가 느껴져 마구 비볐다. 왈칵 눈물이 솟구쳤다. 뒤따라온 언니가 선 채로 꺼이꺼이 울음을 토했다.

 "엄마 막내 왔어, 눈 좀 떠 봐…."

 검시관이 다녀간 후 엄마를 어디로 모실 건지 의논했다. 오래 걸리지 않았다. 아버지와 큰오빠를 떠나보냈던 장례식장으로 정했다. 큰오빠 간 건 몰라도 아버지 간 건 아실 테니 낯섦이 덜 하려나. 앰뷸런스가 도착하고 엄마가 들것에 실려 방을 나왔다.

저 방에서 꼬박 2년을 계셨다. 환자용 침대 옆에 큰 침대를 붙여놓고 세 사람은 낮과 밤을 함께했다. 흑백 필름 돌리듯 옛날이야기 하며 긴 겨울밤을 보내고 봄 되면 엄마 집에 가자고 손가락 걸고 약속했다. 환자용 침대가 푹신해 불편할 것 같으면 엄마를 큰 침대로 옮기고 형부는 바닥에서 쪽잠을 잤다. 그것도 잠깐, 큰 침대가 딱딱해서 배기겠다 싶으면 다시 엄마를 안아 침대를 바꾸며 한결같이 보살폈다. 밥은 꼭 식탁에 나와서 드시게 하고 세 끼 따신 밥 해서 드렸다. 하루에 서너 번 산책하며 당신이 좋아하는 꽃구경도 시켜드렸다. 보는 사람 없다고 대충 입혀서 나오는 법이 없었다. 틀니 소독 하루도 건너뛴 적 없고 한겨울에도 목욕은 일주일을 넘기지 않았다. 무엇보다 엄마를 환자 취급하지 않았다.

팔자에 없는 호강했다고 하실 거다. 이만하면 됐다고, 고마웠다고 하실 것이다.

다음날 빈소가 차려지고 영정사진이 국화꽃에 둘러싸였다. 사진 속 엄마는 믹스 커피가 든 종이컵 홀더를 들고 웃고 있다. 병원에 무슨 검사를 받으러 갔던 날, 막내 오빠네서 하룻밤 주무시고 왔는데 그때 조카가 찍은 것이다. 잉크색 바탕에 흰 점무늬가 있는 실내복은 요양사가 화원 오일장에서 사 왔다. 집이 그 근처인 요양사는 가격에 비해 천이 좋고 입고 벗기에도 편하다며 두 벌을 사 와서 엄마에게 선물했다. 자주 입고 세탁해서 보풀이 일고 소매 끝은 자세히 보면 헤지기도 했다. 낡은 실내복에 종이컵을 든 영정사진이라니. 하지만 우리는 진즉에 만장일치로 낙점해 두었다. 백발에 미소 띤 모습이 가장 엄마답고 자연스러워 보였기 때문이다. 곤궁한 세월을 살아내면서도 당신의 따뜻한 본성을 잃지 않았듯이 주위의 남루함을 가리고 남을 만큼 엄마의 미소는 편안하고 여유로워 보였다. 과연 보는 눈은 비슷한지 영정사진이 편안해 보이고 좋다는 조문객이 많이 있었다. 이제 엄마는 주어진 삶을 자연스럽게 마감하고 자연으로 돌아갈 것이다.

한차례 조문객이 다녀간 뒤 오빠들이 매장과 화장에 대해 의논했다. 엄마가 그 문제를 따로 말해두진 않았지만, 옛날 사람답게 화장을 불편하게 생각한다는 것을 나나 형제들은 알고 있었다. 자연스럽게 매장으로 결정 났다. 시류에 따라 화장할 수도 있으나 아버지 봉분 옆에 엄마를 모셔야 하는데 그러면 균형이 맞지 않는다. 생전에 두 분이 균형 맞춰 사셨더라면 더없이 좋았겠지만, 사후에 유택이라도 나란히 균형을 맞출 수 있어서 다행이다.

늦은 밤 큰조카가 '할머니 사랑합니다'로 시작하는 편지를 써서 들고 나왔다. 얼굴이 술 빛으로 불콰하다. 2년 전 이곳에서 보낸 제 아비가 생각났던 모양이다. 울지 않는 조카의 슬픔이 눈물을 부추겼지만 오래 울지는 않았다. 외손자 결혼식이 끝나기를 기다려준 엄마의 마지막을 생각하면 눈물도 사치일 것 같아서다. 이제 눈물은 두고두고 남은 자의 몫이 될 터다.

상갓집도 문 닫을 시간에 한 남자가 문상을 왔다.

"자네가 어떻게 알고…."

"낮에 소식 들었네. 아지매 가시기 전에 올 수 있어서 다행이야."

왕래가 없는 둘째 오빠 고향 친구라고 했다. 조문을 마친 그가 바로 가야겠다며 일어섰다. 그냥 보내기 섭섭한 얼굴로 오빠가 뒤따라갔다.

철없던 이십 대에 전라도에 갔다가 교통사고를 냈다고 했다. 겁이 나서 도망치고 말았다. 뺑소니였던 셈이다. 며칠 후 경찰서에서 출석하라는 연락이 왔다. '삼청교육대'에서 무고한 시민까지 잡아가는 살벌한 시기였다. 아버지를 찾아가 사실을 말하고 도와달라고 사정했다. 본인이 운전하는 트럭에 아버지를 태우고 전라도까지 갔다. 본인은 밖에서 기다리고, 아버지가 피해자를 만나 합의하고 더는 문제 삼지 않겠다는 각서까지 받아냈다. 그때 그 일이 잘못되었다면 삼청교육대에 끌려갔을지 모른다며 아버지가 은인이라고 했다. 아버지가 병원에 계신다는 소식을 듣고 아내와 함께 찾아갔다. 아무도 없는 병실에서 팔다리를 주물러 드리며 많이 울었다고.

둘째 오빠도 처음 듣는 이야기라고 했다. 당연히 우리도 몰랐다. 아버지는 당신의 일신을 위해서 사신 줄만 알았다. 우리 아버지가 누군가의 은인인 줄은 몰랐다. 그 밤 우리는 아버지를 추억하며 늦게까지 자리를 뜨지 못했다. 내일이면 이승을 떠날 엄마도 그 이야기를 듣고 '흐이고, 끝까지 혼자 잘났지' 할 것 같았다.

밤새 빈소를 지킨 오빠들과 집에서 잠깐 눈 붙이고 온 상제들이 한자리에 모였다. 엄마를 보내야 할 시간이 다가오고 있었다. 이승에서의 마지막 조식을 올리며 흐느끼는 소리가 들렸다. 형제들이 각자 써 온 편지를 읽으며 눈물로 작별 인사를 고했다. 낙상으로 인해 수술받았던 때가 5년 전 이맘때, 늦가을이었다. 언니 집에서 지내는 두 해 동안 얼른 나아서 엄마 집에 가자는 약속을 수십 번은 했다. 그 약속을 이제야 지킬 수 있게 되었다.

바람은 쌀쌀했지만, 쌀쌀해도 청량했다. 당신의 증손자가 영정사진과 혼백을 안고 앞장섰다. 오빠들이 그 뒤를 따랐다. 당신이 지켜낸 자식의 자식들과 많은 인연들의 배웅을 받으며 지금 엄마가 가고 있다.

잘 가요 엄마. 편히 잠드세요.

*엄마는 2023년 11월 26일에 영면하셨다. 앞집 아지매는 그해 여름에, 외숙모는 엄마 가시고 20일 후에 뒤따라가셨다. 앞서거니 뒤서거니 가셨으니 저승길 외롭지 않겠다. 한평생 고생만 하다 가신 어머니들께 이 책을 바친다.

에필로그

두 눈물

　며느리가 결혼식 사진을 보냈다. 웨딩 업체에서 촬영한 것을 받아서 우리에게 보내준 것이다. 전문가가 찍어서 그런지 여러 각도에서 찍은 새로운 사진이 많다. 빨간색 웨딩카를 타고 잔디 광장으로 들어오는 신랑 신부의 표정이 가을 하늘만큼이나 맑고 눈부시다. 단층의 웨딩홀은 웅장하면서도 단아하다. 은은한 조명 아래 순백의 백합과 연분홍 장미가 화려하게 장식되어 있다. 오랜만에 만난 친척들은 얼싸안은 채 포즈를 취했다. 환한 표정의 하객들이 삼삼오오 담소를 나누며 예식이 시작되기를 기다린다.

　사진을 한 장 한 장 넘겨보다가 그만 웃음이 나왔다. 남편이 우는 사진 때문이다. 우는 정도가 아니라 오열하다시피 한다. 신랑 신부가 양가 부모에게 절을 하는 순서였다. 아들과 며느리를 안아주며 덕담하는 중에 남편이 아들을 부둥켜안고 오열하는 장면이 그대로 포착된 것이다. 얼굴까지 시뻘겋다. 예식이 진행되는 내내 함께 있었던 나는 그런 사실조차 몰랐다. 사진 속에서도 나는 부자에게 가려서 보이지 않고 며느리는 어쩔 줄 몰라 하는 표정으로 서 있다. 부자간의 정이 각별한 건 알지만 이 정도일 줄은 몰랐다. 예상치 못한 시아버지의 격한 눈물을 보며 며느리는 또 어떤 마음이었을까.

 감정이 북받치기로 치자면 열 달을 품고 낳아서 기른 내가 더 할 것 아닌가. 일 년의 준비 기간이 오직 이날을 위해서인 것처럼 신부는 아름답고 신랑은 늠름했다. 결혼식 날짜가 다가올수록 아이들이 긴장된다며 걱정했다. 곱게 키운 딸을 시집보내는 안사돈도 감정을 억누르는 모습이 여실히 보여서 나는 눈물을 보이지 않으려고 마음을 다잡았다.

 남편에게 이런 면이 있었던가. 내가 아는 그는 감성이라곤 없는, 지극히 현실적인 사람이다. 녹록지 않았던 삶이 그를 무디게 만들었는지도 모른다. 어떤 면에서는 철이 없어도 한참 없다. 남편에게 왜 그랬냐고 물어보았더니 모르는 일이라며 딴청을 부렸다. 하긴 무슨 특별한 이유가 있을까.

에필로그

말로 표현할 수 없는 만감, 자식에 대한 사랑과 걱정, 가장의 무게를 미리 경험한 아비로서의 연민일 수 있겠다. 빈손으로 저 자리에 섰던 삼십 년 전 본인의 모습이 생각났는지도 모르겠다.

그날 무사히 예식을 치르고 집으로 오는 차 안에서 친정엄마 부고를 전해 받았다. 최근에 상태가 좋지 않아 예상은 했지만, 그날이 오늘일 줄은 몰랐다. 우연이라 하기엔 너무도 기가 막혔다. '이토록 생생한 삶'과 '저토록 머나먼 죽음'이 하루 안에 일어날 수 있는 일인가.

아침에 혼주였다가 저녁에 상주가 되는 상황이 벌어졌다. 웃으며 다녀간 하객들이 저녁에 조문객으로 다시 왔다. 다음날 신혼여행을 떠나는 아들에게는 알리지 않기로 하였다. 엄마 뜻이 그러하리라 여겼다.

아들, 며느리가 하객들의 박수와 축하를 받으며 힘찬 걸음을 내디딜 때 엄마는 이승을 떠날 마지막 채비를 하고 있었던 거다. 낙상 후 거동이 어려워지고 종내 말문을 닫았지만 이렇게 가실 줄은 몰랐다. 식구들이 단장하고 예식장으로 몰려갈 때 언니와 형부는 남아서 엄마 곁을 지켰다. 예식이 시작되는 세 시쯤 엄마가 이상하다는 걸 감지했다고 했다. 따뜻한 물수건으로 엄마 몸을 닦고 깨끗한 옷으로 갈아입혔다. 곧 잔치 끝나고 몰려올 테니 조금만 더 힘내자고 형부가 말했다. 그 말을 알아듣기라도 하듯 이불을 잡고 버티시더라고 했다.

마지막 순간까지 자식에게 누가 되지 않으려던 엄마는, 죽을힘조차 자식을 기다리는 데 써버린 엄마는 우리가 무사히 예식을 마치고 집으로 돌아오는 시간에 93년의 생을 마감하셨다. 눈물 한 방울 남긴 채.

언니로부터 전해 들은 엄마의 임종 장면을 떠올리면 가슴이 먹먹하다 못해 아린다.

남편의 눈물이 '살아갈' 눈물이라면 엄마의 마지막 눈물은 '살아낸' 눈물이다. 자신의 이야기를 끝내고 찍는 마침표와 같은 것이다. 훗날 나는 엄마처럼 마침표를 찍을 수 있을까. 몇 번의 눈물을 흘려야 저 완전한 끝에 다다를 수 있을까.

살아가는 동안 아들은 제 아비의 눈물을 잊지 않으리라. 엄마의 마지막 눈물을 내가 잊지 못하듯이.

에필로그

잘 가요 엄마.
편히 잠드세요.